대학새내기·당근마켓·취업·인스타그램·개척교회침투·교회MOU포교·이성교제 편

신천지 대응 종합 매뉴얼 3.0

바이블백신센터 양형주·신현욱·권남궤·안소영 지음

대학새내기·당근마켓·취업·인스타그램·개척교회침투·교회MOU포교·이성교제편

신천지 대응 종합 매뉴얼 3.0

발행일	초판 1쇄	2021년 12월 17일
	초판 2쇄	2022년 02월 04일
	초판 3쇄	2022년 10월 29일
	개정증보판 1쇄	2025년 08월 04일

저 자	양형주·신현욱·권남궤·안소영 지음
디자인	최주호(makesoul2@naver.com)
총 판	하늘유통(031-947-7777)
펴낸곳	기독교포털뉴스(www.kportalnews.co.kr)
신고번호	제 377-25100-2011000060호(2011년 10월 6일)
주 소	우 16954 경기도 용인시 기흥구 흥덕2로87번길 18 이씨티빌딩 B동 4층 479호 (엠피스 비즈니스센터)
전 화	010-4879-8651
가 격	15,000원
이메일	unique44@naver.com
홈페이지	www.kportalnews.co.kr
ISBN	979-11-90229-36-4 93230

* 저작권자의 허락없이 이 책의 일부 또는 전체를 무단 복제, 전재, 발췌, 스캔, 공유하면 저작권법에 의해 처벌받습니다.
* 파본은 구입처에서 교환해 드립니다.

대학새내기·당근마켓·취업·인스타그램·개척교회침투·교회MOU포교·이성교제 편

신천지 대응 종합 매뉴얼 3.0

양형주·신현욱·권남궤·안소영 지음

개정 증보판

기독교포털뉴스

차례

개정 증보판 서문 / 6

들어가는 말 (초판 서문) / 8

1. 미혹 초창기, 대학 새내기 편 / 12
2. 당근마켓 편 / 20
3. "타지인 모여라!" 오픈채팅 방 / 28
4. 청년 취업, 아르바이트 편 / 36
5. SNS, 인스타그램 편 / 48
6. 팝업스토어 편 / 58
7. 산악동호회 편 / 62
8. 복음방 내용 개요 / 68
9. 외부 성경공부 건강도 점검표 / 80
10. 복음방, 센터과정 편 / 86
11. 가족 편 / 94
12. 목회자 편 / 106
13. 토론 편 / 112

14. 개척교회 침투 편 / 120

15. 교회 침투 편 / 126

16. 교회 시위 편 / 134

17. 교회 MOU 포교 편 / 144

18. 오픈전도 편 / 150

19. 청년 편 / 162

20. 이성교제 편 / 166

21. 친구, 우정 편 / 176

22. 탈퇴자 가족 편 / 184

23. 탈퇴자 교회 목회자 편 / 190

24. 탈퇴 당사자 편 / 194

25. 신천지를 탈퇴한 그대에게 / 204

상담소 연락처 / 211
저자소개 / 212

개정 증보판 서문

『신천지 대응 종합매뉴얼 3.0』은 신천지의 새로운 포교 전략에 맞춰 그들의 치밀해진 포섭 방식에 대응하기 위해 한층 더 강화된 내용을 담았다. 신천지의 접근은 '성경공부 초대' 수준을 넘어, 당근마켓, 오픈채팅방, 인스타그램, 청년 취업 및 아르바이트 모집, 팝업스토어, 산악동호회, 교회MOU 등 생활 전반의 플랫폼과 일상 네트워크를 교묘히 활용하며 이뤄진다. 이에 따라 이번 증보판은 이단 상담의 최전선에서 치열하게 사역을 감당하는 바이블백신센터 양형주 목사와 안소영 전도사, 부산 이음상담소의 권남궤 목사의 생생한 현장 경험을 바탕으로 대폭 개정증보 되었다. 여기에 이단상담 전문가이자 전 신천지 일곱 교육장 출신인 신현욱 목사(구리상담소)가 공동집필자로 함께 참여하며 더욱 실제적인 신천지 대처 지침을 보완하게 되었다.

개정 증보판에서는 신천지의 새로운 포섭 방법에 대한 실례도 풍성하게 담았다. 특히 교회와 신천지가 MOU를 맺는 방식, 당근마켓, 팝업스토어, 인스타그램을 이용한 미혹 등 새로운 유형의 접근

방식과 활동 사례를 포함했다. 신천지 상담 전문가들의 사례 발표와 실제 상담과 대응 방법을 소개한 이 증보판은, 더 넓고 깊어진 신천지의 미혹 전략에 맞설 수 있는 최신 버전의 대응 매뉴얼이다. 초판을 뛰어넘는 더욱 정밀한 분석과 전략을 통해 한국교회가 더욱 효과적으로 신천지에 대응하길 바란다.

2025년 8월

글쓴이 양형주·신현욱·권남궤·안소영 드림

들어가는 말 (초판 서문)

한국교회는 많은 이단 단체 중 신천지를 가장 경계한다. 그만큼 신천지로 인한 피해가 크기 때문이다. 웬만한 교회는 입구에 "신천지 Out"이라는 스티커와 신천지인의 출입을 금하는 경고문을 붙여 둔다. 그러나 막상 주변의 가까운 교인이, 청년이, 사랑하는 자녀가 신천지인이었음을 알게 된 순간 어떻게 할 바를 몰라 당황한다.

어느 날 갑자기 사랑하는 나의 자녀가 신천지에 다닌다는 것을 알게 된 순간 부모는 어떤 반응을 보이는가? 다짜고짜 자녀에게 "너 신천지니?"라고 묻는 것이 고작이다. 그러면 대부분의 신천지인 자녀들은 "전 신천지 아닌데요, 도대체 누가 그런 말을 하는 거예요?"라며 도리어 반문한다. 이렇게 되면 자녀가 신천지인임을 알아내려는 부모의 시도는 허사로 끝나고 만다.

목회자는 교회의 청년이, 교우가 신천지인이라는 것을 알게 되는 순간 당황하여 이것을 당회와 교회에 공포하는 경우가 많다. 소문은 교회 안에 순식간에 퍼져 나가며, 이는 교회에 잠입한 신천지인이 충분히 대응할 시간을 벌어준다. 이런 어설픈 대응으로는 신천지의 교묘한 간계를 간파하고 신천지에 빠진 자녀, 교인, 청년 등을 돌이키기 어렵다.

게다가 최근 들어 신천지는 전도 전략을 '오픈 전도'로 바꾸었다. 이는 자신이 신천지인임을 공개적으로 주변에 밝히고 자신을 비난하는 이들에게 '과연 신천지가 이단인지 아닌지는 말씀을 들어보고 판단해야 하지 않느냐'며, 도리어 가족과 지인을 신천지 성경공부로 초대하는 대담하고 노골적인 전략이다. 이런 대담한 전략에 당황한 성도들은 더욱 어설프게 대처하기 쉽다.

이제는 더욱 구체적인 노하우와 전략이 필요하다. 이에 우리는 『신천지 대응 종합 매뉴얼 2.0』을 내놓고자 한다. 이 책은 예장 통합측 대전서노회 이단 사이비 대책위원회와 이단 상담소, 그리고 바이블백신센터가 협력하여 제작한 『신천지 대응 종합 매뉴얼』을 기초로 제작되었다. 이 매뉴얼은 발간된 이후 1주 만에 2쇄를 거듭하며 1700부가 모두 소진될 정도로 큰 관심을 끌었다. 이를 통해 저자들은 이 매뉴얼이 한국교회에 정말 필요하다는 사실을, 더 나아가 이 매뉴얼을 널리 확산해야 할 필요를 절감하였다. 이런 와중에 더 다양한 상황과 사례를 대응할 수 있는 매뉴얼을 추가해 달라는 요청이 많았다. 결국 저자들은 기존의 매뉴얼을 대폭 업그레이드 하여 「기독교포털뉴스」를 통하여 새롭게 『신천지 대응 종합 매뉴얼 2.0』을 펴내게 되었다.

이 책은 주변의 지인이 신천지에 미혹되는 중이거나 신천지인임을 알게 되었을 경우, 또 신천지가 교회에 조직적으로 침투하는 것을 발견하게 되었을 경우 등 성도들의 신앙생활에서 신천지인과 마주칠 수 있는 경우들을 다양하게 분류하였다. 더 나아가 어떻게 대응해야 할지에 대한 구체적인 노하우를 담았다. 이 책은 최근 신천지에서 시행하는 오픈 전도에 대한 대응 지침도 제안했다. 또한, 최근 서서히 다시 고개를 드는 다양한 형태의 온라인, 오프라인 성경공부 모임에 대해서도 신천지 성경공부인지 아닌지를 점검할 수 있도록 체크리스트를 제시했다. 더 나아가 신천지에서 이탈한 이들이 교회로 돌아갈 때 어떻게 준비하고 맞이해야 할지에 대한 상세한 매뉴얼도 제안했다. 또한 신천지에서 이탈한 당사자가 건강한 신앙생활을 하도록 돕는 매뉴얼도 담았다.

본 매뉴얼은 신천지 대응현장의 최전선에서 씨름하는 현장 전문가들의 생생한 대응경험에서 나온 것이다. 부디 이 매뉴얼이 최근 다시 기승을 부리는 신천지의 활동과 이탈자들을 대할 때 지혜롭게 대처할 수 있는 도구가 되기를 바란다.

2021년 10월

글쓴이 양형주·권남궤·안소영 드림

1장

미혹 초창기, 대학 새내기편

미혹 초창기, 대학 새내기편

1. 오늘도 신천지는 다양한 통로로 당신을 미혹하려 한다. 당신이 접하는 미혹의 통로는 다음과 같다.

* 여러 경로를 통하여 온라인으로 접촉한 후 인문학 강좌를 듣게 된다.
* 당근마켓 앱, 페이스북, 인스타그램 등 SNS를 통하여 모르는 사이지만 같은 관심사를 가진 이들끼리의 독서 모임, 식사 모임, 스터디 모임 등에 참여하게 된다.
* 흥미를 끄는 온라인 오픈 채팅방을 통해 접근한다. 채팅방 제목은 다음과 같은 주제들이다.
  - 어떻게 하면 신앙을 회복할 수 있을까?

-종교 한 번 가져볼까?

    -요즘 기댈 곳이 필요하다고 느끼면?

    -현실보다 신앙이 더 가치있을 수 있을까

    -취업보다 신앙이 더 중요할까?

    -세상의 것 앞에 자꾸 흔들릴 때 어떻게 하면 좋을까?

    -신앙, 새롭게 시작할 수 있다면?

*   지인을 통해 무료 성격검사, 스트레스 테스트, 에니어그램(Enneagram), 미술치료 등의 심리 검사를 받게 된다.

*   자녀교육을 성공적으로 한 엄마의 간증을 듣고 성경공부 모임에 초대된다.

*   힘들고 어려운 상황에 있는 나에게 자꾸만 연락을 해서 꿈에서 당신을 봤다느니, 기도하는데 주님께서 당신의 마음을 위로해 주라는 말씀을 들었다며 자꾸만 찾아온다.

2. 이런 다양한 모임은 대부분 2-3회의 재미있고 즐거운 모임일 가능성이 크다. 또 그곳에 있는 사람들이 다들 너무나 친절하고 좋다. 게다가 신기하게도 그들은 나와 같은 관심사, 비슷한 상황에 처해있고 내 문제에 공감한다.

3. 특히 교회에서는 고3학생들이 대학에 들어가기 전, 이러한 사

항들을 설명하고 신천지에 미혹되지 않도록 오리엔테이션을 해야 한다. 신천지의 주된 포교 대상이 입시가 끝난 고3 학생들이기 때문이다. 바이블백신센터와 목회데이터연구소의 공동 조사에 따르면 이단에 빠지는 평균 연령은 21.8세다.[1] 상당수는 대학에 들어갈 때 포교되고, 그 외에도 군대를 다녀오거나 취업준비를 할 즈음 미혹된다. 신천지에서는 고3을 전도하기 위해 이들을 대상으로 다양한 이벤트를 마련하여 초청한다. 특히 고3 논술고사를 마치는 날에 맞추어 대학 논술장 앞에서 이들을 환영하고 초대하기에 힘쓴다. 그들은 격려의 말을 담은 피켓과 선물을 준비하여 이들에게 친근감 있게 다가가며 대학생활과 동아리 선택에 대한 안내 프로그램과 명문대생들과 함께 하는 일대일 코칭 및 멘토링 프로그램 등을 소개하며 초대한다.

4. 이들이 소개하는 프로그램은 '대학 생활 더 잘하는 법', '리포트 잘 쓰는 법', '나에게 맞는 학교 동아리 선택법', '전공이 나의 적성과 맞는지 점검하는 법', '적성과 진로탐색 제대로 하는 법' 등이다. 더 나아가 적성을 알아보기 위한 '심리 검사' 및 '적성검사' 등을 소개하기도 한다. 이러한 모임 후에는 일대일 상

---

1 양예은, "이단에 빠지는 평균 연령 21.8세…'다음세대 이단예방 관건'", 데일리굿뉴스, 2023. 8. 4.

담으로 들어가 이들의 개인사를 파악하고 이에 맞는 전도전략을 세워 접근을 시도한다. 일대일 상담을 위해 그를 잘 상대할 수 있는 신천지인 대학 선배 멘토를 붙여주기도 한다. 이런 과정을 통해 신천지는 성경공부 이전에 강력하고 친밀한 인간관계를 형성한다. 이러한 전략으로 인해 신천지에는 새내기 때 신천지 성경공부를 하고 입교한 20대 신도들이 가장 많다.

5. 코로나 이전 신천지는 대학가에서 신천지 대학 선배들을 통해 친근감을 내세우며 다양한 방법(길거리 만남, 설문조사, 지인의 소개 등)을 이용해 접근했다. 이들이 길거리 섭외를 위해 사용하는 멘트들은 다음과 같다.

"올림픽에 참가하는 선수들에게 응원해 주고 싶은 메시지는?"
"연말연시를 맞이해서 한부모 가정 어린이에게 '아나바다'로 도움을 주고 싶은데 혹시 집에 읽지 않는 동화책이나 인형 있으면 도움 줄 수 있을까요?"
"OOO 방송국 작가인데 '신천지' 관련 인터뷰를 하고 싶어서요. 혹시 도움 줄 수 있을까요?"
"큐티 천만인 운동본부인데 설문조사 좀 해 주실래요?"

이들은 이러한 설문으로 말문을 트고 관계를 맺은 이후 이들을 초대한다. 주로 명문대(카이스트, SKY 등) 강당을 빌리고 사회에서도 실력을 인정받는 신천지인을 강사로 내세워 이들과 신뢰를 형성하며 접근하기도 한다.

6. 이들과의 관계가 좋아 모임에 참여하다 보면 어느 순간 이들은 성경공부 모임에 초대한다. 고3들이 가진 관심사들을 더 발전시키고 알아가려면 성경공부가 도움된다는 이유를 내세우기도 한다. 물론 이때 거의 절반 이상이 떨어져 나가지만, 남아서 성경공부 모임에 참여하는 이들도 상당히 많다. 이러한 초기 단계의 성경공부 모임을 복음방이라 한다. 복음방에서 배우는 성경공부는 언뜻 볼 때 재미있고 논리적인 것 같지만 자세히 보면 정통교회에서 가르치는 성경공부 내용에 신천지 교리를 가미하고 있다. 그 주제들과 핵심내용에 대한 설명은 8장 '복음방 내용 개요'(68쪽)를 보라.

7. 따라서 자녀가 대학교를 가기 전 이러한 모임에 온/오프라인을 통해 초대되어 들어가게 될 경우, 신천지의 미혹과정을 설명하고 속히 빠져 나오도록 강력하게 조치해야 한다. 특히 교회 밖 검증되지 않은 성경공부 모임은 아무리 인간적인 신뢰를 쌓았다 하

더라도 거부하도록 해야 한다. 이렇게 인간적인 신뢰를 바탕으로 마음을 빼앗아 접근하는 것이 이들의 전략임을 기억하라.

8. 신천지가 평균적으로 100명을 섭외한다고 가정할 때, 복음방에는 50명, 센터에는 20명, 신천지에 입교하는 단계까지는 10명 정도가 남는다. 전도를 잘하는 지파의 경우에는 복음방에 70명, 센터에 60명, 신천지 입성에 60명까지 이르기도 한다(물론 섭외하고 행사에 초대하는 것도 만만치 않다. 길거리에서 무작위로 100명의 새내기를 만나면, 대화까지 가는 것은 30-40명 정도, 거기서 섭외단계로 가는 것은 10명 정도 된다).

9. 2017년 학복협이 펴낸 『청년 트렌드 리포트』에 따르면, 이단 포교를 당한 경험이 있는 대학생은 전체의 58.3%였다.[2] 전공으로는 인문, 사회계열이 64.6%로 가장 높았고, 지역으로는 부산, 울산, 경남이 72.1%로 가장 높았다. 신천지인들은 새내기들이 모이는 곳은 어디든지 찾아가서 접촉과 섭외를 위해 물불을 가리지 않는다. 물론 이러한 시도는 코로나로 많이 약화되었지만, 여전히 온라인을 통한 활동을 지속하고 있다. 따라서

---

2 학원복음화협의회편, 『청년 트렌드 리포트』(서울: IVP, 2017), 191.

이들의 추이를 예의 주시해야 한다.

10. 더 나아가 교회가 새내기들을 위하여 이단 대응 프로그램을 온·오프라인으로 준비하여 지역교회 연합 차원에서 적극 실시하는 것도 좋은 방법이다.

11. 신천지에 미혹되어 성경공부에 참여하는지를 확인하려면 본 매뉴얼 9장에 수록된 '외부 성경공부 건강도 점검표'(80쪽)를 체크하도록 하라. 여기에 O가 많을수록 신천지 성경공부일 가능성이 크다.

2장

당근마켓 편

당근마켓 편

1. '당근~!' 당신의 스마트폰에서 친숙하게 울리는 소리다. 스마트폰 어플인 "당근마켓"에는 당신이 원하는 물건을 손쉽게 내다팔고, 또 저렴하게 구할 수 있는 좋은 직거래 플랫폼이 갖추어져 있다. 그런데 여기에는 또 다른 신박한 기능이 있으니 바로 '동네생활 같이해요'라는 기능이다.

2. 누군가와의 새로운 만남이 그리운 당신, 요즘 들어 당신은 동네 주변에서 그런 만남을 갖고 싶어한다. 그런 당신에게 당근마켓의 '동네생활 같이해요'는 참 유용한 기능이다.

3. '동네생활 같이해요'에 가면 다양한 관심사를 가진 이들이 이

런저런 소모임을 만들고 사람들을 초대한다. '카페공부(카공) 같이 할 사람', '반려견 산책 같이 시킬 사람', '영화 같이 보러 갈 사람' 등등. 평소 독서가 취미인 당신은 '독서모임 같이해요'라는 광고를 유심히 살핀다. 그 가운데 한 독서모임 광고가 눈에 들어온다. 모이는 사람도 6-7명 정도로 어느 정도 괜찮은 것 같다. 이 정도면 어느 정도 친밀감을 형성하며 깊게 마음을 나누고 교제할 수 있는 인원이다. 모임도 길지 않다. 4주간 독서 토론 모임을 진행하는데, 진행멘트나 소개를 보니 진행자가 상당히 준비를 많이 한 것 같다. 당신은 자신이 가입하기에 적절한 모임으로 판단하고 마침내 가입신청을 한다.

4. 모임이 과연 특별한 의도를 갖고 낚기 위한 모임이 아닌가 하는 의심이 생기기도 하였다. 하지만 모임 방에 "종교 관련(신천지, 기타 이단) 종사자는 즉시 퇴출"이라는 문구를 보고 이내 안심하였다.

5. 독서 모임에 가 보니 교회를 다니는 사람 두 명, 교회를 다니지 않는 사람 세 명 등 총 다섯 명이다. 원래 일곱 명이 참여하기로 했는데 두 명은 신청했다가 빠졌다고 한다.

6. 독서모임은 참 좋았다. 모임을 당근마켓에 공지했던 리더가 파워포인트 슬라이드를 참 근사하게 준비했고, 내용도 유익했으며, 나눔도 활발하고 좋았다. 당신은 정말 당근마켓에서 좋은 모임을 발견했다고 생각했다. 앞으로도 이런 좋은 모임을 좀 더 찾아보기 위해서라도 "당근" 어플을 자주 사용해야겠다는 생각이 든다.

7. 모임이 벌써 3주차다. 함께 만난지는 얼마 되지 않았지만, 정말 재미있는 이야기를 많이 나누었다. 함께 잘 참여해 주어 고맙다며 모임의 리더가 카톡을 통해 바나나우유 선물까지 보내주었다. 그러니 더욱 친근감이 생긴다. 사람들은 서로의 말을 정말 잘 들어주었고, 잘 공감해 주고 같이 웃기도 했다.

8. 어느덧 4주차다. 마지막 모임에 다들 아쉬워 했다. 그런데 참여했던 참가자 중 한 사람이 너무 좋은 모임인데, 이렇게 벌써 헤어지는 것이 아쉬우니 다른 책을 또 읽는 모임을 하면 어떠냐고 제안했다. 그러자 여기 저기서 좋다고 반응을 한다. 그동안 정말 재미있었는데 당신도 거절할 이유가 없었다. 다들 좋다고 맞장구를 치자, 당신도 덩달아 맞장구를 쳤다.

9. 참석자들의 요청에 리더도 흔쾌히 더 모임을 갖자고 동의한다. 그는 이런 만남이 서로에게 도움이 되고, 자기 계발에도 유익하다고 말하며 새로운 제안을 내놓는다. 바로, 자기 계발을 위해서는 자신을 더 잘 아는 것이 중요하니, 우리 자신을 깊이 알아가는 모임을 함께 해보자는 것이다.

10. 자신을 잘 알아가기 위해서 필요한 것이 무엇일까? 리더는 성격검사를 통해 자신을 객관적으로 파악할 필요가 있다며 성격검사를 제안한다. 리더는 모두의 귀에 솔깃한 제안을 하는데, 그것은 자기가 잘 아는 선배 언니에게 특별히 부탁하면 비싼 심리검사와 상담을 무료로 해줄 수도 있다는 것이다. 그는 모두의 동의를 구하고 아는 언니에게 부탁을 하기로 했다. 다행히 그 언니가 시간이 된다고 하며 도와주겠다고 한다.

11. 당신은 리더의 언니로부터 심리상담을 받고 그동안 자신이 살아왔던 인생을 모두 다 털어놓았다. 알고보니 자신이 참 상처를 많이 받고 자란 아이였다. 이런 자신을 좀 더 건강하게 잘 다지며 세워가야겠다는 생각이 든다.

12. 당신이 심리상담을 받고 나자, 리더는 이제 우리가 좀 더 좋은

책으로 우리를 더 바르게 세우며 자신을 계발해야겠다고 한다. 그러면서 인류에 심대한 영향을 끼친 책이 있는데 그것이 바로 종교의 경서라고 한다. 마침 자신이 잘 아는 인문학 강좌가 있는데 종교의 경서에 대한 특강을 들어보자고 한다. 그리고 종교의 경서를 공부하자고 한다.

13. 리더는 종교의 경서에는 크게 4대 종교를 형성한 논어, 불경, 코란, 성경 등이 있는데 그 중에서 어떤 책으로 공부를 하면 좋겠냐고 한다. 형제는 자신에게 익숙한 성경을 공부할까 하다가 호기심과 장난기가 발동해서 코란을 하자고 했다. 그러자 리더는 한 번 그 강좌가 열리는지 알아보겠다고 한다. 그리고 어디론가 전화를 하고는 오는데, 안타깝게도 이번에는 코란 강좌가 열리지 않았다고 한다. 그래서 불경은 어떠냐고 했다. 그러자 다시 전화를 하더니 불경도 열리지 않았다고 한다. 그래서 이번에는 논어를 하자고 했다. 논어도 열리지 않았다고 한다. 할 수 없이 성경공부를 시작하게 되었다.

14. 교회 밖 성경공부라서 조심스러웠지만 처음 참여해보니 크게 성경과 다른 이야기를 하는 것 같지도 않고 또 재미있었다. 심지어는 독서토론에 참여했던 교회에 다니지 않는 두 여대생들

도 재미있다고 한다. 형제는 점점 더 성경공부에 빠져든다.

15. 그러던 어느날 교회 청년부 목사님에게 연락이 왔다. 왜 교회 예배가 끝나기가 무섭게 사라지냐는 것이다. 그래서 그는 성경공부 하느라 바쁘다고 했다. 목사님은 어디서 성경공부를 하느냐고 했고, 사실을 말하자 목사님은 성경공부가 의심스럽다고 했다. 성경공부 한 것을 가지고 오라고 했다. 그 내용은 본 매뉴얼 9장에 있는 '외부 성경공부 건강도 점검표'(80쪽)에 대부분 걸리는 내용이었다.

"타지인 모여라!" 오픈채팅 방

1. 축하한다. 당신은 대학 졸업 후 수많은 경쟁을 뚫고 새로운 직장에서 일자리를 얻어 타 도시로 이주했다.

2. 새 직장을 다니며 적응하느라 정신이 없지만, 퇴근하고 저녁이 되면 낯선 도시로 이사 온 당신은 만날 사람이 없다. 저녁이면 수많은 군중을 뚫고 혼자 우두커니 자취방으로 돌아오는 당신은 외롭다.

3. 어디 재미있는 젊은이들의 모임이 없을까? 가장 손쉽게 찾을 수 있는 것이 온라인 모임 공지다. 당신은 카카오톡 오픈채팅 방, '당근마켓' 어플의 '동네생활 같이해요', 또는 '소모임' 같

은 어플을 통해 이런저런 모임을 찾기 시작한다. 그러던 당신은 카카오톡 오픈채팅방에 들어가 지역 이름을 키워드로 넣어본다. '대전'이라고 치자, 이와 관련된 무수한 모임들이 올라왔다. 그 가운데 '타지 사람 환영'이라는 문구가 눈에 들어온다. 이 문구를 보자 당신은 '아, 나처럼 타지에서 올라와 친구 없이 외롭게 지내는 사람들이 많겠구나' 하는 생각이 들었다. 가입인원은 60여 명 정도였다. 너무 적으면 모임이 잘 안 되겠지만, 이 정도 숫자면 너무 많지도 않고 함께 서로 어울리고 알아가기에 큰 부담이 없는 인원이었다.

4. 오픈채팅방에 가입한 지 얼마 지나지 않아 번개모임 공지가 올라왔다. '*월 *일 *시, 시간 되시는 분들 카페에 가서 같이 차 마셔요.' 안 그래도 사람이 그리웠던 당신은 용기를 내어 나간다. 같이 인사하고 차 마시며 떠들다 보니 시간이 훌쩍 지났다. 모임이 괜찮았다. 사람들은 친절했고 서로 마음이 많이 열려 있는 것 같았다.

5. 번개 모임 공지는 이후로도 며칠 간의 시간 차이를 두고 몇 번 더 올라왔다. 당신은 사람들을 만나고 싶어 번개모임에 참여한다. 새로운 도시에 살게 된 새로운 사람들과 만나 밥도 같이 먹

고, 또 보드 게임방에 가서 게임도 하고 놀며 즐거운 시간을 보낸다.

6. 당신은 가입한 오픈채팅방이 좀 특이하다는 생각을 살짝 한다. 다른 채팅방 같으면 서로 하고 싶은 이야기도 하고 자유롭게 내용들을 올리는데, 그 오픈 채팅방은 방장과 부방장이 대화를 주도하고 이들만이 번개 모임을 주최할 수 있도록 되어 있었다. 다소 이상한 느낌이 들었지만 이내 '이곳은 특이하지만 오히려 체계적이네'라고 생각하였고, 도리어 그 모임에 신뢰를 갖게 되었다.

7. 번개 모임에 세 번쯤 나가니 이제 조금씩 익숙한 얼굴이 보이기 시작한다. 처음 나올 때부터 계속 보아왔던 이들이었다. 인상도 참 좋았다. 이야기도 잘 통했다. 그러던 어느날 그 중 한 명(A)이 당신에게 가까이 다가온 후 그 모임에 있는 다른 지인(B)과 인사를 나누며 안부를 물었다. "지난번에 창업한다고 하셨는데, 어떻게 하셨나요?" 창업이란 말에 관심이 가 그(B)를 쳐다보자, 안부를 물었던 지인(A)이 그 내용을 설명해 주며 당신에게 솔깃한 제안을 한다. '저분(B)은 심리상담을 전공했고, 청년들을 대상으로 하는 심리상담 서비스를 제공하는 사업을 창

업했는데, 한 번 서비스를 받아볼 생각이 있느냐'는 것이다. 내년부터는 상담서비스를 몇 십만원 가격대의 유료 서비스로 전환하여 본격적인 사업을 런칭하는데, 그 전에 홍보 기간 동안 무료로 서비스를 제공하는데 이 기회를 활용해 보면 좋겠다는 것이다.

8. 당신은 내년에 수십만 원으로 오를 "심리상담"을 무료로 받아보겠느냐는 말에 갑자기 관심이 갔다. 그래서 그 모임에서 알게 된 다른 지인과 함께 심리상담을 함께 받기로 하였다.

9. 결국 A와 함께 B를 만나서 MBTI, 도형 그리기 검사(세모, 네모, 동그라미, 엑스) 등을 진행했다.

10. 어느 정도 대화가 진행되자 B는 이제 좀 더 깊은 상담을 해야 하니 일대일로 만나야 한다고 한다.

11. 상담은 일주일에 두세 번, 한 번에 1시간 반에서 3시간까지 진행하였다. 당신은 B와의 대화를 통해 과거의 상처를 드러내고, B또한 그 상처에 대한 이야기를 많이 하도록 하였다. 이렇게 약 한 달간 진행한 상담을 통해 당신은 속에 있는 깊은 이야기를

B에게 많이 이야기 하였고 이 과정을 통해 깊은 신뢰관계를 형성하였다. 신천지에서는 이처럼 상담을 통해 자신이 상처받은 사람이고 다른 사람의 도움을 통해 극복해야 한다고 느끼게 만드는 작업을 '환자 만들기' 라고도 한다.

12. 한 달간의 일대일 상담이 끝나갈 무렵 B는 당신에 대해 '성격 유형은 어떠한데 현재 고립되어 있고 아직 상처를 극복하지 못했으니, 다른 사람들도 만나 생각을 나누어 보는 등 다양한 작업이 필요할 것 같다'며 이런저런 모임의 참여를 권유했다. 그러면서 '어떤 강의 포스터를 보았는데 성경을 가지고 여러 주제를 다루면서 다른 청년들과 이야기 할 수 있는 기회가 될 것 같은데 한 번 참여해 보는 것이 어떻겠냐'고 했다.

13. 추천을 받아 갔던 장소는 미팅룸을 전문적으로 대여하는 업체에서 제공하는 강의장이었다. 그곳에는 약 60여 명의 청년들이 모여 있었다. 그곳에서 한 강의는 다양했다. 그곳에 나온 강사는 참여자들에게 창조론적 관점과 진화론적 관점 가운데 내가 생각하는 관점은 무엇인지 이야기를 나누어 보게 한 후, 창조론적 관점에 대해 이야기 해 주었다. 내용은 신선했다. 혹시라도 이러다 종교를 권유하는 것이 아닌가 하는 불안도 있었다.

그런데 강사는 마치 당신의 생각을 안 것처럼, 강의 중에 '혹시 이런 강의를 들으면서 속으로 내가 이러다 종교가 생기는 것 아냐? 하는 생각을 한다면 걱정하지 마세요'라는 말을 자주 했다. 이 말을 들으니 그래도 안심을 하며 흥미를 갖고 듣게 되었다. 강의는 재미있었다.

14. 당신은 '도대체 이런 강의는 어떤 단체에서 하는 것일까? 이런 내용은 어디서 하는 것일까?' 궁금해 한다. 하지만 아무리 인터넷을 샅샅이 찾아도 내용이 나오지 않는다. 그렇다면 도대체 이들은 누구일까?

15. 여기까지 왔다면, 당신은 이제 신천지를 의심해야 한다. 당신이 클릭한 오픈채팅방은 신천지의 위장 채팅방이었으며, 당신에게 다가온 모든 사람들은 포교를 위해 거짓으로 위장하여 접근한 이들이었다. 무료 상담, 체험, 소개 등등의 명분으로 당신에게 접근했던 것은 모두 신천지 성경공부로 이끄는 마케팅 수단이었던 것이다.

16. 혹시 당신이 함께 노래 부르는 것을 좋아하는가? 이들은 그런 당신을 위해 '** 노래방 갈 사람!!'이라는 채팅방을 개설해서 기

다리고 있다. 당신이 보드 게임을 좋아한다면 이들은 "보드게임 같이 할 사람"이라는 채팅방을 개설해서 기다린다. 클래식 기타를 배우고 싶은가? 누군가와 산책을 같이 하고 싶은가? 당신의 관심사의 거의 모든 곳에는 이들이 채팅방을 개설하여 기다리고 있음을 주의하라.

4장

청년취업, 아르바이트 편

청년취업, 아르바이트 편

1. 신천지는 오늘도 당신이 일자리나 아르바이트를 알아보는 그 길목에서 조용히 잠복하며 기회를 엿보고 있다.

2. 이들이 주로 잠복하는 길목은 '온라인 구인 플랫폼'이다. '알바천국'(www.alba.co.kr)이나 '알바몬'(www.albamon.com) 같은 대표적인 일자리 사이트를 통해 접근한다.

3. 이들은 다양한 구인광고를 허위로, 그러나 매우 그럴듯하게 게시한다. '돌봄나눔교사', '데이터 전문가', '과외 전문 사이트를 통한 수업 알바' 등 단기간에 쉽게 취업할 수 있고 고수익이 가능하다는 매력적인 광고를 내세운다.

4. 직장이 필요하거나 일정한 수입이 필요한 당신은 구직 지원을 하며 이력서를 제출한다. 그러나 반드시 기억하라. 당신이 올린 이력서를 통해 신천지는 당신의 상세한 개인정보를 손쉽게 입수할 수 있다는 사실을.

5. 당신의 이력서를 분석한 신천지는, 어떻게 당신을 미혹할지 내부적으로 소그룹 팀을 꾸려 대책회의를 연다. 이 회의에서 신천지 포섭팀은 당신의 관심사를 파악해 마음을 얻고, 심리검사와 인문학 강좌 등을 거쳐 결국 신천지 성경공부로 이끌기 위한 교묘한 시나리오를 모의한다. 이 과정에서 각자의 역할이 분담되고, 당신을 미혹하는 단계마다 누가 등장할지도 구체적으로 배치된다.

6. 며칠 후, 알바 지원 결과를 기다리던 당신에게 연락이 온다. 서류전형에 합격했으니 면접을 보자는 내용이다. 당신은 기쁜 마음을 애써 억누르며 면접 일정과 장소를 약속한다.

7. 면접 장소는 회사가 아닌, 사람들이 많이 오가는 일반적인 카페였다. 이상하다. 왜 정식 회사라면서 면접을 사무실이 아닌 카페에서 볼까? 그렇게 도착한 자리에서 당신을 맞이한 30대 초

반의 면접관은 일단 이런저런 이야기를 나누다가, 당신이 회사일에 적합한 사람인지 판단하기 위해 성격 검사와 상담이 필요하다고 말한다. 그리고는 성격 검사를 통과해야만 취업할 수 있다고 덧붙인다. 면접까지 마쳤지만 합격 여부는 알려주지 않은 채, 성격 검사를 위한 약속을 따로 잡게 된다.

8. 면접관은 이렇게 말한다. "이 성격 검사와 상담 서비스는 상담 회사의 특별 프로모션 기회로, 당신에게만 무료로 제공되는 것입니다. 그러니 주변에 소문은 내지 말아 주세요." 그러면서 아직 최종 합격이 아니기 때문에, 현재 진행 중인 이 지원 절차에 대해 회사 기밀 유지를 부탁한다. 이는 사실상 신천지가 비밀 포교를 위해 은밀히 입단속을 시도하는 것이다. 하지만 순수한 당신은 그 말들을 곧이곧대로 믿고, 면접이나 심리상담을 받는다는 사실조차 주변 사람들에게 말하지 않은 채 조용히 지낸다.

9. 성격 검사는 면접관이 직접 진행하지 않는다. 대신, 그가 소개한 또 다른 '전문 심리상담사'가 등장한다. 이 인물은 회사에서 의뢰한 심리검사 전문회사 소속이라고 자신을 소개하며, 몇 가지 심리 상담을 실시한다. 간단한 도형 테스트를 시작으로, 다양한 상황에서의 심리 상태를 묻는 설문지, 때로는 MBTI와 같

은 성격 유형 검사가 이어진다. 그리고 말한다. "이건 회사의 특별 프로모션 행사라서, 당신에게만 무료로 제공되는 겁니다. 그러니 주변에 소문내지 마시고 혼자만 알고 계세요." 하지만 당신은, 이것이 사실상 주변에 그들의 활동을 알리지 못하도록 하는 일종의 '입막음 전략'이라는 사실을 전혀 눈치채지 못한다.

10. 성격 검사 이후, 상담사는 보다 심층적인 상담이 필요하다고 말하며 총 4회에서 10회 정도의 심층 상담 일정을 제안한다. 그리고 그렇게 상담이 이어지는 동안, 당신은 상담가에게 지금까지 살아온 삶의 모든 이야기를 하나하나 털어놓는다. 알바 결과를 기다리며 불안했던 마음은, 상담을 통해 조금씩 안정되어 가는 듯하다. 하지만 한 가지 의문이 든다. 상담은 늘 카페에서 진행된다. 이상하다. 진짜 전문 상담이라면, 상담소 같은 정식 장소에서 해야 하는 것 아닌가?

11. 상담가는 성격검사 결과를 바탕으로, 당신에게 좀 더 심층 상담이 필요하다고 말한다. 이 상담 세션은 사실 수십만 원이 드는 고가의 상담 서비스이지만, 이번은 당신이 지원한 회사에게만 제공되는 특별 이벤트 기간의 혜택이라고 한다. 그러면서 다시

한 번 당부한다. 이 사실은 절대 주변에 알리지 말 것. 만약 소문이라도 나면 상담 회사나 지원한 회사 모두 곤란해질 수 있다는 것이다. 이처럼 상담가는 교묘하게 '입막음'을 유도한다. 자연스럽게 당신이 상담을 받고 있다는 사실을 주변 누구에게도 말하지 않게 만든다. 실제로, 지금 당신 주변엔 당신이 상담을 받고 있다는 사실을 아는 사람이 아무도 없다.

12. 상담은 여전히 전문 상담소가 아닌, 평범한 카페 같은 장소에서 진행된다. 그러던 중 상담가는 "비슷한 상황에 있는 다른 분이 있는데, 함께 상담을 진행해도 괜찮으시겠어요?"라며 제3자의 동석을 제안한다. 그렇게 등장한 사람이 바로 A다. 당신은 그를 또 다른 구직자라고 생각하지만, 실상 그는 신천지에서 당신의 심리 상태와 감정적 반응을 파악하기 위해 투입된 스파이다. 물론 당신은 이 사실을 전혀 알지 못한 채, 상담이 끝난 후 A와 자연스럽게 대화를 나누게 된다. 지금까지 누구에게도 말하지 못했던 내면의 고민과 감정, 상담 소감, 그동안 누구에게도 털어놓지 못했던 속마음을 나누며 묘한 정서적 친밀감을 형성하게 된다.

13. 상담사는 상담을 이어가며 "감정일기"를 써보라고 권한다. 당

신의 감정 상태와 마음의 흐름을 솔직하게 기록해오면, 다음 상담에서 그것을 함께 살펴보며 마음의 변화와 내면을 더 깊이 이해할 수 있다는 설명이다. 당신은 그 권유에 따라 자신의 가장 사적인 감정과 생각을 일기장에 써 내려간다. 하지만 당신은 이 기록들이 상담사를 통해 신천지 측에 그대로 전달되고 있다는 사실을 전혀 알지 못한다. 당신의 내면이 낱낱이 드러난 그 감정일기가 오히려 신천지의 전략에 활용되고 있다는 것도.

14. 상담이 깊어질수록 상담사는 당신에게 더 넓은 시야와 내면의 회복이 필요하다고 말한다. 그러면서 인문학적 소양을 기르면 마음의 성숙과 정서적 안정에 큰 도움이 될 것이라며, 당신에게 꼭 어울릴 만한 특별한 인문학 강좌를 소개한다. 강좌는 신앙색이 없고, 누구나 편안하게 들을 수 있는 교양 프로그램이라고 설명한다. 그러면서 강좌에 함께 갈 동행인을 소개한다

15. 인문학 강의가 열리는 곳은 시내의 어느 낡은 건물 2층이다. 입구는 좁고, 간판도 없다. 건물 안에 들어서 입주현황판을 살펴봐도 '인문학 강좌'라는 이름은 어디에도 없다. 이상하다는 생각이 스치지만, 그 시간에 여러 청년들이 자연스럽게 그 건물로 들어가는 모습을 보며 당신도 큰 경계심 없이 따라 들어간다.

16. 강의실에 들어서자, 놀랍게도 70~80명의 젊은 청년들이 자리를 가득 메우고 있다. '이토록 많은 사람들이 자기계발과 인문학에 관심을 갖고 있다니…' 하는 감동과 함께, 당신은 어느새 그들 속에 자연스럽게 녹아든다.

17. 강의 주제들도 눈길을 끈다. "꼬리에 꼬리를 무는 인문학", "갓생 살기", "폼 미쳤다" 같은 제목들이 슬라이드에 큼직하게 떠 있다. 말맛이 살아 있고, 시대의 흐름을 읽는 듯한 키워드들이라 단숨에 흥미를 자극한다. 제목만 들어도 한 번쯤 꼭 듣고 싶다는 마음이 생긴다.

18. 인문학 강좌에는 전에 함께 심리상담을 받았던 그 사람, A도 참석해 있었다. 강의가 끝난 후 A는 자연스럽게 다가와 당신에게 강의 소감을 물었다. 당신은 나름대로 괜찮았다고 말하며 이런저런 소소한 대화를 나눈다. 하지만 이 대화 역시 A를 통해 신천지에 그대로 보고되고, 당신의 마음 상태가 성경공부로 연결해도 되겠다는 신호로 해석된다는 사실은 전혀 알지 못한다.

19. 이쯤 되면, 최근 들어 당신이 새롭게 만나고 관계를 이어가는 사람들 중 99%는 우연을 가장해 접근한 신천지 신도들이다. 그

들은 당신이 의심 없이 마음을 열 수 있도록 섬세하게 계산된 시나리오를 따라 움직이고 있는 것이다.

20. 혹시라도 마음 한켠에서 이들의 정체에 의문이 들기 시작한다면, 당신의 눈에 조금씩 이상한 점들이 보이기 시작할 것이다.
첫째, 강의 장소에는 공식적인 단체 이름이나 정확한 장소명이 적혀 있지 않다.
둘째, 강의를 주최하는 기관의 명칭이 모호하고, 홈페이지도 존재하지 않는다.
셋째, 연락처는 정식 사무실 번호가 아닌, 개인 명의의 휴대폰 번호다.
만약 이런 점들이 의심된다면, 지금이라도 늦지 않았다. 당신은 이들이 누구인지, 어떤 목적을 가진 단체인지, 정말 공식적인 단체인지, 홈페이지나 사업자 등록이 되어 있는지 등을 반드시 꼼꼼히 확인해봐야 한다.

21. 만약 당신이 조금이라도 의심하는 눈치를 보이기라도 하면, 이들은 오히려 당신의 불안을 덜어주려는 듯 능청스럽게 말한다.
"요즘 이상한 단체들도 많다는데, 우리도 걱정되네요. 혹시 모르니까 이단상담소에 전화해서 확인해보죠."

그러고는 정말로 어딘가에 전화를 건다. "여보세요? 거기 이단 상담소 맞지요? 요즘 이런 인문학 강좌를 듣고 있는데, 혹시 이단 단체가 이런 강의도 하나요?"
잠시 후 건너편에서 들려오는 목소리는 이렇게 대답한다.
"요즘엔 시민들의 교양을 높이기 위한 인문학 강의들이 많습니다. 그런 강좌는 좋은 내용이니 잘 활용하셔도 됩니다. 이단 단체들이 그렇게까지는 하지 않아요."
그 말을 들은 당신은 안심한다.
그러나 문제는 이 모든 것이 신천지 내부의 사전 시나리오에 따라 연기된 상황극이라는 점이다. 전화를 건 사람도, 받은 사람도, 모두 신천지인이다. 그들은 철저히 짜여진 각본에 따라 당신의 의심을 지우고, 다시 신뢰를 쌓으려 한다. 당신은 지금 배우들이 꾸민 무대 위에 초대된 관객일 뿐이다. 이 글을 읽고 있는 지금이라도 좋다. 조금이라도 의심이 든다면, 그들이 알려준 정보가 아닌, 스스로 검색해보라. '인문학 강의 사기', '심리 검사 이단', '무료 상담 신천지' 등으로 검색하면 놀라운 피해 사례들이 당신의 눈앞에 펼쳐질 것이다.

22. 신천지는 의심하는 당신에게 더욱 적극적으로 다가온다. "혹시 우리 단체가 신천지일까 걱정되세요? 그럼 확인해보죠." 그

리고는 다시 전화하거나, 이미 짜놓은 정보를 보여주며 말한다. "우리는 절대 신천지와 같은 이단이 아닙니다. 인문학 강의나 성경공부도 신앙 강요가 아닌 교양 강좌예요." 그들은 친절하고도 단호하게 '자신들은 절대 신천지가 아니다'라고 강조한다. 하지만 이 말에 안심하는 순간, 당신은 조용히 조여오는 신천지의 올가미에 더욱 깊이 걸려든다. 심지어 그들은 이단상담소를 사칭해 전화를 걸기도 하고, 교묘한 말로 당신의 경계심을 풀어낸다. "우리는 신천지가 아닙니다."라고 말하는 신천지를 조심하라.

5장

SNS, 인스타그램편

SNS, 인스타그램 편

* PPL(간접광고) 편

1. 어느 날 당신의 인스타그램 메신저로 문자가 하나 도착한다. 발신자는 자신을 연애 어플과 상담을 전문으로 하는 회사 직원이라 소개한다. 그러면서 당신의 인스타그램 피드가 참 감각적으로 잘 관리돼 있다며, 자사 제품을 PPL 방식으로 홍보할 수 있을지 이야기를 나누고 싶다고 제안한다. 팔로워 수는 많지 않지만, 자신의 SNS가 인정받았다는 생각에 괜히 어깨가 으쓱해진다.

2. 그렇게 약속을 잡고 만난 상대는, 연애 상담 프로그램을 개발하

고 있다며 이것저것 설명을 이어간다. 그러면서 말한다. "당신의 이미지가 우리 브랜드와 잘 어울려요. 만약 괜찮다면, 지금 개발 중인 수십만 원 상당의 고급 심리 상담 프로그램을 무료로 체험해보실래요?" 그 말에 마음이 끌린다. 그는 덧붙인다. "사실 이 기회는 경쟁이 치열해서 아무나 받을 수 없는데, 제가 특별히 말씀드려서 가능하게 해드릴게요." 당신은 마치 선택받은 사람처럼 느껴지고, 점점 그 제안이 솔깃해진다.

3. 바로 다음 날, 무료 상담 서비스에 최종 선정되었다는 연락이 온다. 신기하다. 어떻게 그렇게 치열한 경쟁을 뚫고, 단 하루만에 결과가 나온 걸까? 그 연애 어플 회사 직원이 당신을 정말 잘 봐준 모양이다. 어쩐지 자신이 특별한 사람처럼 여겨진다.

4. 당신은 약속대로 그들을 만나 본격적인 상담을 시작한다. 처음은 가벼운 도형 심리 검사로 시작한다. 이어지는 설문을 통해 성격유형(MBTI)을 파악하고, 상담은 1~2개월간 꾸준히 이어진다. 그리고 그 과정에서 점차 '환자'가 되어간다. 상담을 통해 당신의 아픔은 점점 깊이 들춰지고, 스스로도 치유가 필요한 사람이라 믿게 된다.

5. 신천지는 성격 검사와 상담을 통해 당신을, 엄마 아빠를 비롯한 가족에게 심한 상처를 받은 사람으로 몰아간다. 이를 '환자 만들기'라고 한다. 신천지인에 의해 환자로 길들여진 당신은 이런 상처를 극복하기 위해 그들이 안내하는 무료 상담과 인문학 공부, 그리고 성경공부로 안내받으며 서서히 신천지 성경공부로 빠져들어가게 된다.

* **무료이벤트 편**

1. 20대 청년인 당신은 집에서 인스타그램을 검색하던 중, 갑자기 뜬 리뷰 이벤트를 보게 된다. 이벤트는 한 액세서리 회사에서 진행하는 것이었고, 귀걸이나 목걸이 같은 자사 액세서리에 대해 리뷰를 신청하면, 추첨을 통해 제품을 보내준다는 내용이었다. 게다가 리뷰를 올려 반응이 좋으면, 수십만 원 상당의 경품도 증정한다는 조건도 있었다.

2. 평소 액세서리에 관심이 많았던 당신은 망설이지 않고 곧바로 메신저를 통해 신청했다.

3. 곧바로 메신저로 연락이 왔다. 액세서리를 직접 전달해야 하니

만나자고 했다. 당신은 그냥 배송해 달라고 요청했지만, 상대는 "직접 전해드려야 한다"며 끝까지 만남을 고집했다. '집으로 배송하면 될 텐데, 왜 굳이 만나려는 거지?' 약간 이상했지만, 액세서리를 직접 받는다는 기대에 의심을 누르고 약속 장소로 향했다.

4. 약속 장소는 회사가 아니라 평범한 카페였다. 그곳에는 30대 초반쯤 되어 보이는 액세서리 회사의 젊은 남성 청년 사장과, 당신처럼 이벤트에 참여해 제품을 받으러 나왔다는 B양이 함께 와 있었다.

5. 청년 사장은 당신에게 최근 액세서리 트렌드에 대한 정보를 알려주며 당신에게 액세서리를 잘 착용하느냐고 물었다. 당신은 액세서리를 평소에 잘 착용하지 않음에도 공짜로 받는다는 생각에 잘 착용한다고 답했다.

6. 당신은 청년 사장으로부터 약속한 액세서리를 받았다. 그는 액세서리 사업을 혼자 운영하다 보니 어려운 점이 많다며 자신을 도와주는 컨설팅 업체가 있다고 소개했다. 그 업체는 고객의 정보와 성향을 수집·분석해 조언을 제공하는 곳인데, 사업 컨설

팅을 위해 고객의 MBTI 성격유형 체크리스트를 작성해 달라고 부탁했다.

7. 액세서리를 받아 기분이 좋았던 당신은 기꺼이 청년 사장이 건낸 체크리스트 자료를 작성해 건넸다. 청년 사장은 이 자료를 컨설팅 업체에 전달할 예정이라며, 연락이 오면 시간을 내어 잘 응답해 달라고 당부했다.

8. 당신이 청년 사장으로부터 받은 액세서리는 비즈 공예로 만든 반지였다. 리뷰 상품을 받기 위해 반지를 착용한 손을 찍은 사진과 함께 리뷰 글을 작성해 청년 사장에게 보냈다. 리뷰를 보낸 지 얼마 지나지 않아 청년사장으로부터 당신의 리뷰가 우수 리뷰로 당첨되었다는 연락이 왔다(그런데 나중에 청년 사장의 인스타그램을 확인해보니, 당신의 리뷰는 게시되지도 않았다). 당첨자에게는 수십만원 상당의 당첨 쿠폰을 제공한다고 했다.

9. 너무 기뻐 어떤 쿠폰인가 확인해 보았다. 그러자 청년 사장은 자신을 도와주는 컨설팅업체에서 제공하는 수십만원 상당의 무료 상담쿠폰이라고 하면서, 컨설팅 업체에서 곧 연락을 줄 것이라고 했다. 얼마 지나지 않아 컨설팅 업체의 담당자로부터

연락이 왔다. 담당자는 자기 업체에서 제공하는 상담 서비스는 원래 수십만 원 상당의 유료 서비스지만, 리뷰 이벤트 당첨자에게는 청년 사장이 특별 혜택으로 제공한 것이라고 설명했다. 당신은 약속을 잡고 마침내 상담 장소로 향했다.

10. 상담 장소에 가보니 리뷰 이벤트에서 처음 만났던 B양도 나와 있었다. 당신은 B양과 함께 상담을 받으며 빠르게 가까워졌다. 하지만 당신은 전혀 눈치채지 못하고 있다. B양은 사실, 당신이 신천지 포교에 얼마나 잘 반응하는지를 옆에서 조용히 점검하는 신천지 소속의 바람잡이라는 것을.

* 사진 게재 요청 및 인터뷰 편

1. 당신은 사진 찍는 것을 좋아한다. 특히 자연의 아름다운 순간을 포착하는 데 능숙해서, 그런 장면들을 종종 훌륭한 솜씨로 카메라에 담아낸다. 그리고 이렇게 찍은 사진을 개인 SNS(인스타그램 등)에 올리면, 주변 반응도 꽤 좋은 편이다.

2. 그러던 어느 날, 당신은 메신저(DM)를 통해 한 통의 연락을 받는다. 보낸 사람은 어느 잡지사의 편집장으로, 당신이 인스타

그램에 올린 사진이 너무 인상 깊어서 자신들이 발간하는 잡지에 그 사진을 게재하고 싶다고 한다. 뿐만 아니라, 이렇게 멋진 사진을 찍은 작가의 인생 이야기도 함께 인터뷰하여 실어보고 싶다는 제안이었다.

3. 당신은 갑작스러운 연락에 당황했고, '이렇게 해도 괜찮을까?' 하는 망설임도 있었지만, 이내 편집장의 제안을 받아들인다. 제안 내용은, 잡지가 판매된 부수에 따라 게재 비용을 정산해 지급하겠다는 것이었다. 인스타그램에 올린 자신의 사진으로 수입을 올릴 수 있다는 생각에, 당신은 사진 게재뿐 아니라 인터뷰에도 기꺼이 응하게 된다.

4. 약속한 날, 당신은 설렘을 안고 편집장을 만나러 간다. 편집장의 질문에 하나하나 답하면서, 당신은 자신이 살아온 이야기를 들려주며 인터뷰를 진행한다.

5. 편집장은 당신의 이야기를 들으며 "정말 멋진 이야기"라고 감탄하고, 이왕이면 앞으로 당신의 사진을 더욱 자주 게재하며 더 긴밀한 사업 협력 관계를 맺고 싶다고 제안한다. 당신은 '이게 웬일인가' 싶어 곧바로 흔쾌히 승낙한다.

6. 편집장은 당신과 잡지사가 지속적인 협력 관계를 맺기 위해서는, 당신이 과연 적합한 파트너인지 성향을 파악할 필요가 있다고 말하며 성격유형 검사를 제안한다. 장기적인 신뢰 관계를 세워가기 위한 절차라는 설명에, 당신은 별다른 의심 없이 성격검사에 응한다. 그러나 여기까지 오면, 당신은 이미 성격검사와 상담을 통해 '환자'로 길들여지게 되며 자연스럽게 상처를 극복하기 위한 인문학 강좌를 거쳐 신천지 성경공부로 이어지는 초입에 들어선 것이다.

6장

팝업스토어 편

팝업스토어 편

1. 요즘 당신은 스트레스를 많이 받는다. 퇴근하고 나서도 머릿속은 복잡하고, 마음은 늘 지쳐 있다. 그러던 중 SNS를 보던 당신의 눈에 한 게시물이 들어온다. "도파민 디톡스 체험 전시, 뽀송뽀송 빨래방에서 만나요!" 팝업스토어 형식으로 열리는 체험형 전시라는 설명이 붙어 있다.

2. "뽀송뽀송 빨래방"이라는 이름에 웃음이 난다. 처음엔 무슨 세탁소 관련 전시인가 싶다. 하지만 소개 글을 읽어보니, '도파민 중독 사회에서 벗어나기 위한 힐링 체험 전시'라는 설명이 붙어 있다. 정신 건강, 디지털 디톡스, 나를 위한 시간… 문구 하나하나가 당신의 마음을 끌어당긴다.

3. 링크된 이벤터스 페이지를 통해 티켓을 예약한다. 입장료는 만 원, 원래는 2만 원인데, 페이지에 나온 쿠폰을 사용하여 50% 할인을 받은 가격이다. 행사 장소는 광주의 한 예쁜 카페. 이미 서울, 부산, 인천, 정읍에서도 열렸다는 설명과 함께 언론 보도 자료도 함께 보여준다. 그럴듯해 보인다. 당신은 정식 행사인가 싶어 조금 안심이 된다.

4. 행사 당일, 안내받은 장소에 도착했다. 입장하자마자 첫 안내는 다소 의외다. "지금부터 디지털 디톡스 시간입니다~ 휴대폰은 잠시 보관해 드릴게요!" 스마트폰을 수거당하고, 체험존으로 안내된다.

5. 빨래방 콘셉트로 구성된 부스가 흥미롭다. '세탁존', '드라이존', '스타일러존', '옷 정리존'으로 나뉘어 있고, 곳곳엔 예쁜 포토존도 있다. 사진을 못 찍게 하더니, 오히려 인증 사진 찍기 좋은 배경은 많다. 이상하지만, 그럴듯하다.

6. 각 부스마다 심리 검사나 성격유형 검사를 유도한다. 에니어그램 검사지를 작성하고, '당신의 삶의 때가 얼마나 묻었는지'에 대한 비유적 설명을 듣는다. '스스로를 깨끗이 알아가는 세탁

시간'이라며 다정하게 설명해 준다.

7. 행사 진행자들은 사람들을 유심히 관찰한다. 누구와 눈이 잘 맞고, 누가 이야기를 잘 들어주는지, 누가 감정적으로 열려 있는지를 기록해 둔다. 팝업스토어에서 신천지 내부인들은 이처럼 행사에 새롭게 참여한 사람을 가리켜 '사랑이'라고 부른다. 이는 신천지로 포섭하기 위해 섭외한 이들을 지칭하는 그들만의 '은어'이다.

8. 행사가 끝나갈 무렵, 추첨 이벤트가 열린다. '타로', '사주', '심리상담' 쿠폰 중 하나가 랜덤으로 주어진다. 당신은 '사주 쿠폰'을 받는다. 그런데 지금 바로 보는 게 아니라, 며칠 뒤 전문가가 연락을 줄 거란다.

9. 며칠 뒤, 행사 때 말한 전문가가 연락을 한다. 무료로 상담해준다기에 만나서 이야기를 나눈다. 그 자리에서 지난 삶의 고통과 고민을 털어놓게 된다. 상대는 너무도 따뜻하게 공감하며 반응한다. 그리고 그 전문가는 상처를 극복하기 위한 좋은 방법으로 성경공부를 제안한다.

7장

산악동호회 편

산악동호회 편

등산 한번 같이 하실래요?

1. 어느덧 50대 중반이 된 당신. 회사에서는 중간관리직으로서의 스트레스, 집에서는 자녀의 진학 문제와 부모님 병시중까지, 몸도 마음도 지칠 대로 지쳐 있다. 무언가 삶의 균형이 필요하다고 느끼던 어느 날, 아파트 엘리베이터 안에 붙은 전단지 하나가 눈에 들어온다.

2. "힐링 산행 동호회, 건강과 마음을 함께 챙겨요. 중년 환영!" 별다른 취미도 없던 당신은 모처럼 용기를 내어 SNS 단톡방에 들어가 본다. 이름은 '○○산악회', 회원은 대부분 40-60대 남

성이지만 간혹 여성도 몇 명 있다. 분위기는 활기차고, "함께 산 오르고 인생 얘기 나눠요"라는 말이 따뜻하게 다가온다.

3. 첫 모임은 토요일 아침. 가까운 뒷산으로 소박한 산행이다. 주일은 피해서 일정을 잡았기 때문에 종교적 부담도 없다. 딱히 어색함도 없고, 건강을 위한다는 명분이 있어 집에서도 별다른 의심을 받지 않는다.

4. 등산을 마친 뒤 근처 식당에서 자연스럽게 식사, 이어지는 카페 타임. 거기서 한 여성 참가자가 다정하게 말을 건넨다. "요즘 힘든 일 있으세요? 표정이 많이 지쳐 보여서요." 말을 조심스럽게 꺼내면서도 친절하고 따뜻하게 다가온다.

5. 이후 그 여성과는 별도로 연락을 주고받게 된다. 그녀는 자신의 상처 많은 삶을 털어놓고, 당신에게도 조심스럽게 고민을 물어본다. "가정 이야기든, 회사 이야기든… 그냥 저한테 털어놓으셔도 돼요." 당신은 그녀와의 대화에 점점 더 끌리게 된다.

6. 그녀는 "저희 산악회는 가족 같은 분위기"라며 종종 개인 만남을 갖자고 제안한다. 카페에서, 공원에서, 간단한 식사와 대화

가 반복된다. 그리고 어느 날, 그녀가 이런 말을 건넨다. "요즘 제가 듣는 인문학 강좌가 있는데, 성경을 인문학적으로 풀어줘서 정말 흥미로워요."

7. "성경?" 놀라긴 했지만, 종교 이야기가 아니라며 "신앙색 없는 교양 강좌"라고 강조한다. 그동안 나눈 정서적 유대감 때문에 거절하기 어려웠다. 호감도 있고, 뭔가 정신적인 지지까지 받고 있는 듯해 오히려 기대되었다.

8. 강좌는 깔끔한 장소에서 진행되었고, 20~30대부터 50대까지 다양한 연령층이 모여 있었다. "성경이 이렇게 재미있을 수 있구나" 싶은 강의였다. 뭔가 비밀스럽고, 특별한 사람만이 알 수 있는 '진짜 진리'를 듣는 느낌도 들었다.

9. 하지만 어느 순간부터 강의의 방향이 수상해졌다. '성경의 비밀', '계시록의 실상', '하나님의 나라를 회복할 자는 누구인가' 등 익숙하지 않은 표현이 등장하고, 기존 교회에선 들을 수 없는 해석들이 이어졌다.

10. 당신은 순간 혼란스러웠지만, 이미 그 여성과의 관계는 깊어

져 있었다. 단순한 취미 동호회가 아니라, 삶을 위로해주고 정서적으로 의지할 수 있는 대상이 되어 있었기 때문이다. 성경 강의가 이상해 보여도, 그녀가 있는 곳이라면 괜찮다고 느껴졌다.

11. 알고 보니, 그녀는 신천지 추수꾼이었다. 산악회 자체도 신천지 포섭용 모임이었고, 인문학 강좌는 신천지 교리로 들어가는 '입문 단계'였다. 그 여성은 감정적 유대를 통해 종교적 저항을 무너뜨리는 데 성공한 것이다.

12. 어떤 중년 남성은 그 관계가 '성적 유혹'을 동반한 것이었다는 걸 알고도 쉽게 끊지 못했다. 외로웠고, 오랜만에 누군가에게 인정받는 느낌이 좋았기 때문이다. 설령 신천지라는 걸 알아도 마찬가지다. 정서적으로 너무 깊이 빠져들어갔기 때문이다.

13. 이런 상황에서 혼자 빠져나오긴 쉽지 않다. 가족에게 말하기도 어렵고, 교회나 친구에게 털어놓기에는 부끄러웠다. 결국엔 전문가의 도움이 필요하다. 신천지가 이성적 호감으로 연결시켜 포섭하는 이 방식은 "감정 사냥"이다. 신앙의 문제이자, 심리적 중독의 문제다.

14. 신천지는 오늘도 어딘가에서 산악회, 등산모임, 문화모임 등을 통해 '외로운 중년'을 기다리고 있다. 그리고 정서적 허기를 파고든 뒤, 복음 대신 교리를, 사람 대신 시스템을 주입한다. 그리고 당신은 '혼자 해결할 수 없는 관계'에 갇히게 된다.

15. 등산을 시작했을 뿐이다. 하지만 그 산행은 신천지라는 깊은 계곡으로 내려가는 길이 될 수 있다. 지금, 당신 주위의 모임은 정말 안전할까?

8장

복음방 내용 개요

복음방 내용 개요

*신천지 복음방에서 배우는 신천지식 성경공부의 내용은 다음과 같다.

1. 성경 기본 상식 – 성경은 하나님의 감동을 받은 약 40명의 사람이 대필한 신서(神書)다. 따라서 성경은 성령만이 열어 보여주실 수 있기에 보는 눈과 듣는 귀와 깨닫는 마음을 달라고 간절히 기도해야 한다. 성경은 구약 39권, 신약 27권 모두 66권으로 이루어졌고(3*9 =27), 1,189장(외우기 쉽게, '일일이 파구' 공부한다), 31,173절로 되어 있다. 성경은 하나님의 감동으로 기록되었다. 또한 성경은 택하신 선민에게 주신 언약 곧 약속의 책으로 구약(옛 약속)과 신약(새 약속)으로 나눈다. 구약은 모세 때의 약속이고, 신약은 예수님 때의 약속이다. 구약이 지

켜지는 때는 초림 예수님 때고, 신약의 새 약속이 지켜지는 때는 재림 때다.

2. 성경 개관 이해 –
① 성경은 형식상, 구약 모세오경 5권, 역사서 12권, 시가서 5권, 선지서 17권, 신약 복음서 4권, 역사서 1권, 서신서 21권, 예언서 1권으로 분류한다. 때로는 성경 각 장의 핵심적인 개관을 별도의 시간에 일일이 살펴보기도 한다. 또한 재미있는 스토리텔링으로 잘 기억할 수 있도록 멘트를 준비한다. 예를 들어 "한 여자를 꾀기 위해 21년을 투자한 상남자는?" 정답은 "야곱"이다.
② 성경은 내용상, 역사(과거), 교훈(현재), 예언(미래), 성취(예언이 이루어진 실상)로 분류한다. 특별히 예언은 장래사를 미리 기록한 것으로 이것이 이루어질 때 믿게 하려고 기록했다(요 14:29). 예언대로 이루어진 것을 성취 실상, 또는 실상이라고 한다. 구약의 예언대로 이루어진 실상이 예수님이다.

3. 시대구분 – 성경적 시대 구분을 다음과 같이 나눈다. ①창세 시대, ②출애굽 율법 시대, ③사사 시대, ④왕권 시대, ⑤선지 시대, ⑥하늘 복음 시대 ⑦서신 시대, ⑧재창조 계시 시대(최근에

는 서신 시대를 빼고 7시대로 구분한다). 결론은 신약이 이루어지는 시대에는 초림 예수님을 믿고 있는 기독교인들이 재림 예수님을 믿어야 구원받는다는 것이다.

4. 종교란 무엇인가? - 종교(宗敎)는 으뜸가는 가르침이란 뜻이다. 종교를 뜻하는 영어 religion은 라틴어 '렐리가레'(religare)로 'Re'(다시)+'Ligare'(묶다, 연결하다)는 뜻이다. 이는 사람이 하나님의 말씀으로 다시 연결되어야 한다는 뜻이다. 종교의 종착점은 사람에게서 떠나가셨던 하나님이 다시 사람에게 와서 하나로 연결되는 것이다.

5. 구약은 무엇일까 - 하나님은 모세를 통해 육적 이스라엘 백성과 언약을 맺으셨다. 언약의 내용은 메시아를 보내겠다는 것이다(사 7:14, 미 5:2, 호 11:1, 슥 9:9). 그러나 예수님이 오셨음에도 사람들은 언약의 내용을 제대로 몰라 메시아를 알아보지 못하고 오해하였다. 결국 메시아를 조롱하고 사형에 처했다. 무지하면 약속이 이루어지는 것을 모르고 도리어 메시아를 죽음으로 몰고 갈 수 있다.

6. 신약은 무엇일까? -첫 언약은 흠이 있기에(히 8:7-9) 하나님은

예수님을 통해 영적 이스라엘 백성인 그리스도인에게 새 언약을 주셨다. 예수님은 피로 새 언약을 세우시고(눅 22:20), 다시 오실 것을 이루기 전에 미리 말씀하셨다. 이 모든 것을 이룰 때 말씀을 알고 지키는 자에게 복이 있다(계 1:3).

7. 성경의 중요성 – 성경을 왜 알아야 하는가? 성경은 구원에 이르는 지혜가 있고, 영생을 얻게 하기 때문이다. 성경을 모르면 망한다. 우리는 성경도 모르고 능력도 모른다. 따라서 주의 뜻을 알고 믿는 일에 하나가 되어 장성한 분량에 이르러야 한다(엡 4:13). 따라서 성경을 사사로이 풀 것이 아니고(벧후 1:20, 3:16), 기록된 말씀을 제대로 풀어 깨달아야 한다.

8. 약속은 반드시 이루어진다 – 예언과 성취. 하나님은 약속하시고 때가 되면 약속하신 것을 반드시 이루신다. 예수께서 처녀의 몸에서 나시고, 베들레헴에서 나시고, 애굽으로 도피하고, 나귀 새끼를 타고 입성하시고, 비유로 말씀하시고, 군병들이 예수님의 옷을 제비뽑은 것은 다 이루어졌다. 따라서 신약의 약속도 반드시 이루어진다.

9. 하나님 자녀의 자격 – 하나님의 자녀는 하나님의 씨가 거하는

자녀로서, 그 씨는 하나님의 말씀이다. 말씀으로 났다는 것은 지식으로 아는 것이 아니라, 예언서를 깨닫고 아는 것이다.

10. 예수께서 십자가를 지신 이유 – ①사람의 죄를 없애기 위함이고, ②예수님의 영이 죄 없는 사람과 하나가 되기 위함이다. 마지막 때 새 언약이 성취될 때, 언약의 내용을 알고 지키는 자에게는 예수님의 영이 임하여 그와 함께 먹고살며 하나가 되신다.

11. 깨어있으라 – 열 처녀의 비유(마 25:1-13)에는 신랑되신 예수님을 기다리는 열 처녀, 곧 예수님을 영접하려는 기독교인, 신앙인들이 나온다. 슬기로운 자들은 등과 기름을 준비했지만, 미련한 자는 등은 준비했으나 기름을 준비하지 못했다. 등은 말씀, 곧 성경(시 119:105)이다. 그러나 등만 있다고 빛을 낼 수 없다. 기름이 있어야 한다. 기름은 성경 말씀 전체를 비추는 예언의 말씀이다(벧후 1:19). 2000년 전 유대인들은 등(성경)은 가졌으나 기름이 없었기에(예언에 무지) 예수님을 영접하지 못했다. 우리는 깨어 띠를 띠고 등불을 켜고 서 있어 신랑되신 예수님을 영접해야 한다(눅 12:35-36).

12. 하나님과 사탄에 대하여 – 하나님은 자존자(*自存者*, 출 3:14)

로, 육의 세계 이전에 영의 세계를 만드셨다. 그리고 천사를 지으셨지만, 범죄한 천사가 출현했다. 그가 계명성, 곧 아침의 아들 루시퍼다. 범죄한 천사들(벧후 2:4)은 자기 지위와 처소를 떠난 이들로(유 1:6), 그 수가 무려 이만만(계 9:14-16)이나 된다. 범죄한 천사가 하나님을 대적하니 그를 사탄이라 부른다. 둘로 나누어진 영적 세계의 영들은 사람을 통해 오늘날 우리가 사는 세상에 역사한다. 가룟 유다에게 사탄이 역사한 것이 대표적인 예다.

13. 영을 분별하는 방법 – 영은 육을 들어 일한다. 하나님의 성령이 들어 쓰는 육체와 사탄의 악령이 들어 쓰는 육체가 있다. 이를 구분하려면 그들이 증거하는 말을 분별하면 된다. 하나님께 속했는지, 사탄에게 속했는지를 알아보려면 그 사람의 입에서 나오는 말을 통해 영을 분별해야 한다(요 17:3, 요일 4:1, 사 8:20).

14. 천국은 마치 밭에 감추어진 보화(비유의 중요성) – 세상에서도 값진 것은 아무도 알지 못하게 감추듯이, 하나님께서도 천국의 비밀만큼은 꼭꼭 싸매고 봉함해서 감추신다. 하나님께서 이 보화를 아무나 가져갈 수 없도록 하신 것이 비유다. 비유는 보이

는 만물을 들어 보이지 않는 하나님의 마음과 생각을 알게 하는 것이다. 예수님이 비유로 말씀하신 이유는 ① 창세로부터 감추인 것을 비유로 말하게 하려는 선지자의 글을 이루기 위해서이고(시 78:2, 마 13:34-35), ② 악한 자들이 깨닫지 못하도록 감추기 위해서다. 천국 비밀인 비유를 모르면 죄 사함이 없다(막 4:10-12). 하나님께서는 때가 되면 이 비유의 감춰진 뜻을 반드시 밝히 알려주겠다고 하셨다(요 16:25). 비유는 마지막 때까지 봉함되었다가 풀리게 되는데, 그때는 많은 사람이 빨리 왕래하며 지식이 더할 때다(단 12:4). 그때가 되었으니 구하고 찾고 두드리는 깨어있는 참 신앙인이 되자.

15. **소경과 귀머거리** – 성경에서 말씀하는 소경과 귀머거리는 눈이 있어도 보지 못하고 귀가 있어도 듣지 못하는 영적 소경과 귀머거리다. 예수 초림시대의 소경들은 유대의 지도자들이었던 서기관과 바리새인이었다(마 23:13, 24, 26). 소경된 인도자들을 따라가면 인도자와 백성이 둘 다 구덩이에 빠진다(마 15:14). 심지어 보아도 들어도 알지 못하니 죄 사함을 받지 못한다(막 4:12, 요 9:39-41). 이들은 심지어 예수님을 정죄하여 십자가에 못 박아 죽이기까지 하였다. 신약의 약속을 지켜야 하는 우리는 다시 오실, 신랑 되신 예수님을 맞이하기 위해 영적인 눈

을 떠야 한다. 약속을 제대로 알아야 한다. 문자적으로 아는 것은 깨닫는 것이 아니다. 짐승의 수 666(계 13:15-18), 해, 달, 별, 구름, 나팔(마 24:29-31), 예복(마 22:1-14)이 무슨 뜻인지 아는가? 들어도 깨닫지 못하고 읽어도 뜻을 모르면 영적 소경과 같다.

16. **주 재림 때 영적 기근** - '일용할 양식을 주옵시고'라는 주기도문에 나오는 '양식'은 영의 양식일까 육의 양식일까? 성경에서 육의 양식은 역사서와 교훈서를 가리키며, 영의 양식은 예언서를 가리킨다. 영에 이로운 양식이 진리요, 영의 해로운 양식이 비진리다. 예수님은 주 재림 때 처처에 기근이 있을 것을 예언하셨다(마 24:3, 7). 이 기근은 지구촌에 항상 있었던 육적 기근이 아니라 영적 기근을 뜻한다. 이사야(29:11-14)에 따르면 모든 묵시가 봉해진 책의 말이 되므로 유식한 자나 무식한 자가 말씀을 먹을 수 없는 영적 기근이 오게 된다. 입으로는 하나님을 가까이하지만 마음은 멀리 떠났다. 종말의 기근은 여호와의 말씀이 없는 기갈이다(암 8:11-12). 지금 말씀의 홍수시대라고 하지만 사도 요한이 크게 운 이유(계 5:1, 3-4)는 말씀이 봉인되었기 때문이다. 요한은 하늘 위에나 땅 위에나 땅 아래에 책을 펴거나 볼 자가 없어 크게 울었다. 세상 교회에는 이 봉

인된 말씀을 열어서 보여주는 계시의 말씀이 없다. 따라서 마지막 시대에 자신의 영혼이 죽게 될 것을 염려하여 우는 마음으로 간절하게 말씀을 찾아야 하며, 하늘에서 온 계시의 말씀을 받은 요한과 같은 한 목자를 찾아 이 양식을 받아먹고 배불러야 한다.

17. 주기도문 – 기도는 하나님과의 대화요, 신앙인의 호흡이다. 하나님께 드려지는 합당한 기도가 되려면 예수님의 말씀이 우리 안에 거해야 한다(요 15:7). 즉 하나님의 말씀을 바르게 깨달아야 한다. 외식하고 중언부언하는 기도는 합당치 않다(마 6:5-8, 마 6:31-32, 사 16:12). 예수님은 제자들에게 주기도문을 가르쳐주셨다. 기도는 장래에 필요한 것을 구하는 것이므로 예언이며, 때가 되면 우리가 주기도를 하지 않아도 반드시 이루어진다. "하늘에 계신 우리 아버지"는 눈에 보이는 하늘이 아니요, 영적 세계에 계신 신앙인의 영적 아버지를 가리킨다. 영적 자녀는 하나님의 씨인 말씀으로 난 자녀다. 장차 영계의 하나님 나라는 이 땅에 어린 양 예수님과 하나님의 보좌가 있는 시온 산(계 4장)에 임하며, 오늘날 우리에게 주실 일용할 양식은 때를 따라 주시는 말씀으로, 감추었던 만나이자 계시된 실상의 말씀을 뜻한다.

* 이상이 신천지 복음방에서 배우는 내용이다. 혹시 위와 같은 내용의 성경공부를 한 적이 있다면 신천지임을 알고 속히 빠져나와야 한다.

9장

외부 성경공부 건강도 점검표

외부 성경공부 건강도 점검표

*괄호 안에 O, X를 표기하세요.

1. 큐티모임에 초대되어 말씀을 더 깊이 알아야 할 필요성에 도전받아, 본격적인 성경공부를 하기로 하거나 그러한 성경공부 모임에 초대받은 적이 있다.(　)

2. 성격검사(MBTI, 에니어그램, DISC) 모임에 초대받아 나를 알아가는 모임에 참여한 후, 나를 더 깊이 알아가기 위해 보다 깊은 진리로 나를 치유하는 바이블 테라피(Bible Therapy) 모임 또는 성경공부 모임에 초대받은 적이 있다.(　)

3. 코칭 모임을 통해 사람들을 만난 후, 더 깊이 배우기 위해 성경 공부 모임에 초대받은 적이 있다.(   )

4. "'나더러 주여 주여 하는 자마다 다 천국에 갈 것이 아니요'라고 했고, '두렵고 떨림으로 구원을 이루라'고 했는데 너는 천국 갈 자신 있니?" 라는 질문을 받은 적이 있다. 잘 대답하지 못하면 '그분의 뜻을 제대로 알아야 뜻대로 행할 수 있으니 말씀을 더 깊이 공부하자'고 성경공부 모임에 초대받은 적이 있다.(   )

5. 자녀교육을 잘해야 한다며 자녀를 명문대 보낸 엄마의 경험담을 듣고, 성경의 원리대로 가르치려면 성경을 알아야 한다며 모임에 초대받은 적이 있다.(   )

6. 독서모임에 초대되어 책을 나누며 더 깊은 배움과 나눔을 위해 성경공부 모임에 초대받은 적이 있다.(   )

7. 성경 개관을 공부하며 성경의 내용을 역사, 교훈, 예언, 성취 등으로 구분하는 것을 배운 적이 있다.(   )

8. "내 백성이 지식이 없으므로 망하는도다"(호 4:6)라는 구절을

보여주며 성경을 제대로 알아야 한다고 강조한다.( )

9. "나더러 주여 주여 하는 자마다 다 천국에 들어갈 것이 아니요 다만 하늘에 계신 내 아버지 뜻대로 행하는 자라야 들어가리라"(마 7:21), "행함이 없는 믿음은 죽은 믿음"(약 2:17)이라는 말씀으로 믿음과 행함이 일치해야 한다는 말을 강조해서 듣는다.( )

10. "겨자씨만한 믿음"이란 무엇인가를 배운다.( )

11. "약속은 반드시 이루어진다"는 성경의 성취 내용을 배운다.( )

12. 기도 응답을 받는 방법에 대해 공부한다.( )

13. 열 처녀 비유에서 기름과 등을 준비해야 한다고 공부하며, 등은 성경(예언)이고, 기름은 성경 전체를 증거하는 말씀으로 해석하고, 예언을 풀이하여 깨닫도록 돕는 말씀으로 풀이한다.( )

14. 예언서의 중요성을 언급하며, 특히 요한계시록을 알아야 재림하는 예수님을 영접할 수 있고, 구원을 얻을 수 있다고 강조한

다.( )

15. 하나님과 사탄의 세계에 대해 배우고, 이에 속한 영을 분별하는 방법에 대해 공부한다.( )

16. 천국은 마치 밭에 감추어진 보화와 같다는 비유를 배운다.( )

17. '성경은 왜 어려운가'라는 주제를 공부하며 성경에는 감추어진 수수께끼 같은 부분이 있어 이것을 찾아야 하며, 이것을 발견하는 통로가 비유이기에 비유를 알아야 할 필요성을 배운다.( )

18. 서로 연락하거나 소통할 때 인스타그램의 DM(Direct Message)이나, 카카오톡 아이디만 공유한다. 성경공부 인도자의 번호를 알려주지 않는데, 이들은 성경공부의 원활한 진행을 위해 연락처는 공유하지 않고 카톡이나 인스타 DM을 통해 연락한다고 공지한다.( )

19. 성경공부 하는 것을 교회에 알리지 말라고 한다. 이때는 밭에 감추인 보화 이야기(마 13:44)나 삼손과 들릴라 이야기(삿 16:19)를 하며, 하나님의 비밀을 얘기하면 안 되며 사탄이 빼

앗을 수 있다는 주의를 준다. 또는 원래 이 성경공부는 유료인데 지금만 특별히 무료로 열린 기회라서 사람들한테 알려지면 안 된다고 얘기한다.( )

20. 이따금 도표와 단순한 그림을 그린다.( )

21. 아담 이전에 사람이 있었다는 내용을 배운다. ( )

22. 처음에는 일대일로 공부하다가 시간이 지나면서 줌(Zoom) 화상모임을 통해 소그룹으로 일주일에 3-4회 성경공부를 진행한다. ( )

10장

복음방, 센터과정 편

복음방, 센터과정 편

1. 어떤 경로를 통해 지인이 신천지 복음방(약 2개월 과정)에 들어갔거나 센터에서 성경공부(6개월 과정) 중임을 알게 되었다. 이럴 때는 어떻게 해야 할까?

2. 주의할 점은, 이 사실을 신천지 공부 중인 당사자가 알리고 싶어서 알린 것이 아니라는 점이다. 왜냐하면 신천지에는 '입막음 교리'라는 것이 있기 때문이다. 입막음 교리는 지금 배우고 있는 성경공부의 내용, 가르쳐주는 교사, 같이 배우는 사람, 배우게 된 동기뿐 아니라 성경공부를 한다는 것 자체를 가족이나 다른 사람들에게 말하지 않는 교리이다.

3. 지인이 공부 중임을 알게 되면 우리는 보통 '신천지가 어떤 곳인 줄은 알고 다니냐?'며 사회에서 말하는 신천지의 부정적인 측면을 설명하며 친구를 설득시키려 한다. 하지만 센터공부를 하는 경우, 지인은 '나도 아직 신천지 교리를 배우는 입장이고 아직까지는 이상한 내용을 가르치는 것 같지 않다. 더 배우다가 말도 안 되는 것을 강요하거나 세뇌시키는 등 신천지가 정말 나쁜 곳이면 알아서 나올게'라며 진정시키려 한다. 하지만 이 말을 곧이곧대로 믿으면 안 된다. 시민사회는 이미 신천지의 특성이 어떤지 대략적으로라도 알고 있는 상태 이다. 친구는 이미 이 부분을 알고도 신천지 교리를 공부하고 있기 때문이다.

4. 만약 지인이 성경 공부(복음방)를 시작한지 얼마 안 된 것 같다면 신천지임을 모르고 공부할 가능성이 크다. 복음방인 경우 카페 같은 외부 장소에서 일대일로 공부하는 경우가 많다. 이런 경우에는 '신천지인 것을 알고도 그 사람을 만나 성경공부 하는 것이냐'고 다그치면 상대방의 반발에 부딪히기 쉽다. 그동안 인간적인 신뢰를 쌓아왔기 때문에 그럴 리 없다는 그릇된 확신이 자리 잡고 있기 때문이다. 따라서 '교회가 아닌 외부 경로를 통해 성경 공부를 하는 것은 신천지일 가능성이 크다'고 말하며 지인이 성경공부를 하게 된 외부 경로를 차근차근 물으며

파악하는 것이 필요하다. 정황상 신천지임이 드러나면, 복음방 단계에서는 신천지 공부를 단절하도록 인도하는 것이 좋다. 지인은 성경을 가르치고 있는 사람에게 문자나 전화를 하여 단호하게 끊어내야 한다. 하지만 지인은 이미 신뢰가 깊게 형성된 상태이기 때문에 끊어내기 어려워할 가능성이 크다. 이 과정을 옆에서 도와주며 갑작스럽게 관계 단절을 하며 받은 상처를 회복하도록 보살펴 주어야 한다.

5. 신천지임을 알고도 공부하는 경우, 그는 왜 신천지에서 공부하는 것일까?

첫째, 그동안 맺어왔던 신천지인과의 긍정적인 인간관계로 이미 마음이 신천지에 많이 열려 그들을 신뢰하기 때문이다. 따라서 본인이 직접 보고 듣고 만난 신천지 사람들은 결코 사회에서 말한 것처럼 돈을 뜯어내거나 강제로 앉혀서 교리를 세뇌시키는 나쁜 사람이 아니라고 생각할 가능성이 크다. 오히려 언론이나 사회가 신천지에 대해 근거없는 나쁜 편견을 심었다고 생각한다.

둘째, 성경공부 자체가 재미있기 때문이다. 처음 복음방에 들어가면 그동안 체계적으로 배우지 못했던 성경을 일목요연하게 직접 구절을 찾아가며 공부한다.

셋째, 비유 풀이가 재미있기 때문이다. 비유 풀이는 성경을 알레고리로 풀며 신천지가 의도한 성경관을 형성하도록 하기 위한 중요한 과정이다. 이때, 비유 풀이를 통하여 요한계시록을 제대로 배울 수 있다는 기대를 하게 된다.

넷째, 요한계시록을 배우게 되면 그동안 교회에서 배우지 못했던 마지막 시대 예언의 비밀이 풀어진다는 일종의 희열감을 맛보며 푹 빠지게 되기 때문이다.

6. 만약 지인이 성경개론이나 비유 풀이 과정(3-4개월)을 배우는 중이라면 그래도 그를 돌이킬 가능성이 크다. 그러나 5개월을 넘어가서 요한계시록을 배우고 있다면 빼오기가 힘들다. 4개월(비유 풀이 과정)이 지나면 이미 신천지 교리에 세뇌되어 신천지 교리가 진리라고 생각하기 때문이다. 사회에서 신천지의 위험성과 해악성을 알린 것은 오히려 신천지의 교리를 배우지 못하도록 막기 위한 사탄의 계략이라고 확고히 믿게 된다. 따라서 신천지를 선택하는 것만이 구원받는 길이라고 생각한다. 비록 신천지 성경 공부를 반신 반의하는 사람이라 하더라도, 이왕 여기까지 공부했으니 그래도 요한계시록을 끝까지 다 배우고 나가겠다는 생각에 계속 듣다가 신천지인이 되는 경우도 많다.

7. 요한계시록을 배우는 과정 중이라면 그를 설득하는 것은 더욱 힘들다. 이미 그의 일거수일투족을 항상 감시하는 신천지 센터의 도우미(잎사귀)들과의 관계가 깊게 형성되어 있기 때문에, 약간만 의심이나 이탈의 징조만 나타나더라도 조처하려 할 것이다.

8. 이들이 취하는 조치는 다음과 같다: 신천지를 반대하거나 신천지의 실체를 계속 알려 자극하는 사람을 멀리하라고 지시한다. 신천지를 반대하는 행위는 사탄의 행위이기 때문에 신천지를 반대하는 사람은 사탄이라며 관계를 끊으라고 지시한다.

9. 만약 신천지에 빠진 친구를 어떻게든 설득하여 고민하게 하고 싶다면, 그들이 어떤 과정을 배우는지 어느 정도 이해해야 한다. 이단 상담소의 자료와 유튜브 자료를 찾아 그들이 배우는 내용을 공부하고 정리하여 그들을 설득해 볼 수 있다. 그러나 이조차 결코 수월한 과정은 아니다. 자칫 격렬하게 논쟁하고 나면 친구 관계가 끊어지기 쉽다.

10. 따라서 지인이 복음방이나 비유 풀이 과정 중이라면 이 사실을 신속히 지인의 가족에게 알려 이단 상담소에 연결하는 것이 가

장 좋은 방법이다.

11장

가족 편

11장

가족 편

1. 자녀가 신천지인이라는 이야기를 들으면 마음이 어떨까? 누구라도 쉽게 받아들이기 힘들다. 신천지인이라는 제보를 받는 순간, 당장 자녀에게 전화하거나 만나서 "너 신천지 다니냐?"고 확인하고 싶은 생각이 가장 먼저 든다. 그리고 가족 혹은 부모로서 신천지의 문제점과 사회에 끼치는 해악성을 알려주면 자녀가 단번에 신천지 집단의 실체를 받아들이고 탈퇴할 것이라는 안일한 기대감이 있다.

2. 부모들이 자신의 자녀가 신천지라는 제보를 받았는데도 이 사실을 받아들이기 힘든 이유는 자녀가 평소에 신천지에 대한 말을 하지 않을 뿐 아니라, 특별히 의심스러운 점을 발견하지 못

했기 때문이다. 여전히 자녀는 가족에게 착하고 예쁜 아들·딸일 뿐이다.

3. 그동안 자녀는 부모와 함께 주일이면 어김없이 예배에 성실하게 참여했다. 게다가 부모와 함께 찬양대 등 봉사도 함께해 왔다. 오후에는 본인이 할 일이 있어 외출하지만 그것이 신천지 청년예배에 참여하기 위해서란 생각은 한 번도 해 보지 못했다. 게다가 자녀는 학교에서도 선교단체 리더를 맡아 성실하게 감당해 왔고, 여름이면 선교단체 활동을 하느라 집에 잘 들어오지 않을 정도로 열정적으로 신앙생활을 해 왔다. 하지만 이것이 신천지 활동일 수 있다는 생각은 한 번도 해 보지 못했다. 그만큼 자녀를 믿었기 때문이다.

4. 신천지인은 우리 주변에 어디에나 있을 수 있음을 기억하라. 심지어 나와 가장 가까운 사람도, 착하고 선량해 보이는 사람도 얼마든지 신천지인일 수 있다. 누군가로부터 그가 신천지인이라는 제보를 받으면, 절대 그럴 리 없다고 거부하기 전에 먼저 그들이 제보하는 근거가 객관적인지를 냉정하게 판단해 보라. 만약 그 이유가 타당하다는 생각이 들고, 합리적 의심이 가면 혼자 섣불리 판단하지 말고 이단 상담소에 도움을 의뢰하라.

5. 신천지는 신도들에게 가정에서 절대 신천지인임을 티내지 않도록 신신당부한다. 말투, 행동 등에서 신천지인임이 드러나지 않도록 각별한 주의를 주고, 위장 훈련을 철저히 시킨다(수시 동향 보고, 가족들 신상 보고, 핸드폰 위치추적 어플 설치 등).

6. 자녀를 회심시키기 위해 가장 주의할 점은 자녀에게 절대로 먼저 신천지인지 여부를 확인하지 않는 것이다. 자녀에게 "신천지에 다니냐"고 묻는 순간, 자녀는 신천지에 곧바로 상황을 보고한다. 그러면 신천지는 자녀들이 부모의 의심을 빠져나갈 수 있도록 빠르게 보호조치를 가동한다(신천지에서 사용하는 어플 삭제, 빠른 귀가, 신천지 예배 복장인 흰 블라우스와 검은 바지를 입고 다니지 않기, 공무원 준비하고 있다고 안심시키기, 도인(道人)을 가장한 모략 등).

7. 자녀에게 신천지인임을 물었을 때, 자녀가 처음 보이는 반응은 대개 화를 내거나, 혹은 누가 자신을 모함했는지를 물으면서 제보자의 이름과 제보 경위를 알아내는 것이다. 그리고는 자신을 제보한 사람을 어떤 이유로든지 나쁜 사람으로 몰아간다. 이럴 때는 제보자가 누구라고 답변하기보다는, "지금은 너 자신에게 집중해서 대화하고 싶다"며 이야기를 끌어가는 것이 좋다.

8. 자녀가 신천지인임을 제보하는 사람은 크게 두 부류다. ① 신천지에서 함께 생활했다가 탈퇴한 사람이거나 ② 평소에 가까이에서 자녀를 관찰한 사람이다. 그는 자녀가 신천지에 다니는 정황과 증거를 일정 기간 확보하고 용기를 내서 어렵사리 제보했을 가능성이 높다. 제보자는 결코 자녀를 나쁜 상황으로 몰아가기 위해서가 아니라 그곳에서 꺼내오고 싶은 마음이 간절해서 제보하게 됐음을 이해하고 있어야 한다.

9. 자녀가 신천지인임을 알게 된 경우, 가까운 이단 상담소에 전화해서 가족 상담 예약을 잡는다. 이때 자녀에게 다짜고짜 상담받자고 해서는 안 된다. 만약 자녀에게 이야기하면 자녀는 이 상황을 신천지에 반드시 보고하고 신천지에서는 자녀에게 가출을 하도록 피드백을 하기 때문이다.

10. 신천지 상담은 크게 두 단계로 이루어진다. ① 먼저 신천지에 빠진 내담자를 제외한 **가족 상담**이 있고 ② 가족 상담 후 신천지에 빠진 내담자를 위한 **본 상담**이 있다. 이 두 가지 상담이 모두 성공적으로 이루어져야 상담의 효과가 크고, 자녀가 회심하여 돌아올 가능성이 크다. 가족 상담은 자녀가 왜 신천지에 가게 되었는지 파악하는 중요한 시간이다. 그러므로 가족들은 최

대한 솔직하게 상담에 임해야 한다. 상담 내용은 비밀로 하는 것이 원칙이니 안심해도 좋다. 본 상담이 진행되기 전, 가족 상담을 통해 궁금한 것과 특이 사항을 해결해야 좋은 결과로 이어진다.

11. 가족 상담을 하는 이유는 크게 두 가지다.

    첫째, 거짓 위장 상담 신청을 분별하기 위해서다. 때로 신천지인들은 상담소의 정보를 빼내가기 위해 사전 약속 없이 무작정 들이닥치기도 한다. 또 어떤 경우는 가족들의 의혹을 받고 있는 신천지인이, 행여나 자신이 모르는 사이 가족이 상담소에 가서 가족 상담을 받을 것을 염려하여 이단 상담소에 직접(가족 상담 없이) 들이닥쳐 거짓으로 상담을 신청하기도 한다.

    둘째, 본 상담이 효과적으로 이루어지도록 철저히 준비하기 위해서다. 자녀가 신천지에 가게 된 이유와 내담자 성향을 충분히 파악하여 가정 회복이 필요하다면 함께 돕고 안전하고 효율적으로 상담하기 위해서다.

12. 가족 상담과 사전 준비 없이 직접 본인을 데려올 경우, 신천지 내부의 지시에 따라 강하게 저항하거나, 상담사와 부모 앞에서 회심한 것처럼 거짓 연기를 하며 기만하는 경우가 있다. 때로는

상담소 정보를 파악한 후에 상담소 정보를 신천지에 넘기는 경우도 있다(상담준비 장소에 스마트TV 설치는 될 수 있는 대로 피하고 인터넷 연결을 차단해야 한다. 또한 유선전화가 연결되어 몰래 외부로 연락할 수 있는지 확인하고, 스마트TV의 리모컨은 치우는 것이 좋다. 스마트 TV로 인터넷에 접속하여 이메일, 메신저 등으로 신천지와 연락을 시도할 수 있다).

13. 예약을 잡을 경우, 자가 차량이 아닌 대중교통이나, 다른 사람의 차량을 빌려 이동한다. 자녀는 이미 신천지 측에 집 비밀번호를 비롯하여 부모님의 차량 번호, 직장, 심지어 사촌의 개인정보까지 넘긴 상태이다. 자녀가 그럴 리 없다고 생각할지 모른다. 하지만 신천지는 부모님 몰래 활동하는 신천지 청년들에게 가장 먼저 신변보호요청서를 작성하여 신천지 측에 제출하도록 한다. 그뿐만 아니라 이단 상담소에 끌려갔을 때의 대처방법, 이를 대비한 교리반증교육까지 철저하게 훈련한다(가족 신상은 센터에 등록하기 전 지인들을 통해 1차로 수집하고, 센터 생활을 하면서 계속해서 2차로 수집하고, 신천지 교회에 입교하면 명절이나 해가 바뀔 때마다 업데이트한다. 심지어 사명자나 잎사귀를 시켜 가정방문을 하게 하여 집 구조를 확인하고 가족들과 친교까지 나누기도 한다).

14. 상담소에 방문하면, 자녀가 신천지인임을 알게 된 시점부터 이와 관련한 정보를 모두 파악할 것이다. 그리고 비슷한 처지를 겪고 자녀를 무사히 탈퇴시킨 부모님과 대화를 할 수 있도록 연결도 해준다. 먼저 경험을 한 가족들과 이야기를 나누다 보면 여러 상황에 대처할 수 있는 지혜가 생긴다. 힘든 마음을 공유하며 안정을 찾게 되고 자녀를 회심시킬 수 있도록 마음을 다질 수 있다.

15. 가족들은 자녀가 신천지임을 알게 된 순간부터 상담소에 데려갈 때 까지 자녀의 신앙생활과 관계된 것을 묻지 않도록 한다. 뿐만 아니라 "너 요즘 뭐하고 지내니?", "이 시간에는 무엇을 하니?" 등의 질문도 될 수 있는대로 삼가는 것이 좋다(신천지에서는 이러한 예상 질문을 만들어서 교육하고 있으며, 이러한 낌새가 느껴지면 자녀에게 강력한 정신교육과 피드백을 한다).

16. 신천지에 다니는 자녀는 부모가 자신이 신천지에 다니는 낌새를 알아챘다고 느끼는 순간, 부모님이 잠든 사이 부모님의 핸드폰을 철저하게 확인하며, 부모가 교회의 담임목사나 상담소에 통화한 내역이나 문자가 없는지 확인한 후 신천지에 보고한다. 신천지는 이것을 보고받고 행동지침을 내린다.

17. 신천지에 다니는 자녀는 부모의 핸드폰을 몰래 확인한다. 그러다 부모가 이단 상담소와 연락한 내역이라도 발견하면 그때부터 자녀는 부모의 일거수 일투족을 예의주시하며 감시한다. 때로 돌발 행동을 한다(갑작스럽게 신천지에 다니고 있음을 오픈, 가출, 신천지인과 혼인신고).

18. 부모는 자녀가 신천지인임을 알게 되면 자녀를 제어하고 싶어진다. 가령 핸드폰을 뺏거나, 타 지역에서 대학교를 다니는 경우에는 본가로 들어오게 하거나 등이다. 하지만 이는 권장사항이 아니다. 신천지의 목표는 신천지인의 신앙심을 견고하고 오래 유지시키는 것, 그리고 많은 신도 수를 확보하는 것이다. 따라서 부모가 자녀의 핸드폰을 빼앗으면 신천지는 대포폰을 몰래 쥐어준다. 또한 본가로 들어간 경우에는 그 지역에 있는 신천지 교회를 다닐 수 있도록 타 지역 신천지와 본가 신천지 지역이 서로 연대한다. 따라서 가능한 한 자녀에게 아무런 내색도 하지 않고 가족들만 이단상담소를 방문해 대화할 것을 추천한다.

19. 부모가 자녀의 신천지인 신분을 확인하여 핸드폰을 빼앗은 경우에도 안심하면 안 된다. 신천지는 자녀가 부모가 낌새를 알아

차린 것을 보고한 시점부터 자녀에게 대포폰을 미리 지급했을 가능성이 크다. 부모의 감시를 피해 계속해서 신천지와 메신저로 정보를 주고받을 가능성을 유념하고 기회를 보아 대포폰까지 찾아서 빼앗아야 한다(상담장소에서 성경책을 창문에 올려놓거나 현관문에 명함을 끼워 넣는 등의 사인을 신천지측과 주고 받을 수 있으니 살펴보는 것이 좋다).

20. 이단 상담소는 수백 명을 탈퇴시킨 경험이 있다. 그들의 말을 신뢰하라. 자녀의 말을 들어주는 것이 부모의 도리이나, 현재 자녀는 신천지인이다. 그들은 상담을 받지 않기 위해 수단과 방법을 가리지 않고 거짓말을 할 것이다(신천지에는 거짓말이 자신을 방어할 수 있는 수단이라고 가르친다. 자녀가 잠시 아픈 것이라고 생각하고 객관적으로 보려고 노력해야 한다).

21. 자녀가 부모에게 하는 가장 흔한 거짓말은 '예전에 한두 번 호기심에 다녔는데 이제는 신천지에 다니지 않는다', 또는 '이제부터는 신천지 다니지 않겠다'는 말이다. 그러나 이는 신천지에서 지령을 받고 하는 거짓말일 가능성이 크다. 어떤 부모는 상담소에서 '이단 상담을 해야 한다'는 권면을 받고도 '이제 아이가 신천지에 가지 않는다고 했으니 그것으로 됐다'며 상담을

취소한다. 그러나 이렇게 하면 나중에 더욱 감당할 수 없는 어려움을 초래한다(이단 상담을 통하여 왜 신천지가 잘못되었는지 알려주지 않으면 신천지를 탈퇴하더라도 다른 이단에 빠지게 되며 돌이킬 수 없는 상황이 올 수 있다).

22. 만약 부모가 신천지 신앙을 강제적으로 끊어버리려고 하면 그들은 가출하거나 철저하게 신천지 신앙을 숨기며 생활할 것이다. 신천지는 자녀에게 센터에서 공부할 때부터 '부모를 버리고 신천지 십자가를 짊어지고 가라'고 세뇌시킨다. 따라서 강제적으로 끊어버리려 하면 오히려 더 많은 시간과 기회비용이 소모된다.

23. 초기에 대응을 잘못하는 또 다른 경우는 부모가 '그것은 너의 신앙이니 네가 알아서 하라'며 자녀가 신천지 신앙생활을 하도록 내버려 두는 경우다. 이럴 경우 나중에 부모는 자신도 모르는 사이 도리어 신천지에 포섭될 가능성이 크다(왜 신천지가 잘못되었고 이단이라는 말을 듣는지 명확하게 알려주어야 한다).

12장

목회자 편

목회자 편

1. 신천지에 다니는 신도가 있다는 제보를 받을 경우, 제보의 신빙성을 확인하기 위해, 제보자의 신원 파악, 제보하게 된 경위, 구체적인 제보 내용 등을 먼저 목회자 선에서 파악한다. 어느 정도 신빙성이 있다고 판단될 경우, 조급한 마음으로 당황해서 여기 저기 전화하지 말고, 일단 말이 퍼지지 않도록 단속한다. 소문이 퍼지면 교우가 회복되어 교회 공동체로 돌아오려 할 때 따가운 시선을 견디기 힘들다. 결국 공동체에 적응하지 못하고 이탈하는 경우가 생긴다.

2. 그 신천지인이 청년인 경우, 부모에게 알릴 때 절대 전화로 그 자녀가 신천지인임을 알리지 않는다. 자녀 모르게 부모하고만

직접 약속을 잡고 가능하면 부모(부부)를 함께 불러 대면하고 제보 내용을 전한다. 전화로 알리면 통화 당시 자녀가 옆에 있어서 직접 들을 수 있고, 또는 통화 후에 곧바로 자녀에게 곧바로 '너 신천지냐'는 식으로 추궁에 들어갈 수 있다. 그때부터 자녀는 돌변하며 거짓말로 일관할 가능성이 크다. 이후 가출까지 하는 경우도 빈번하므로 주의가 필요하다.

3. 부모와 대면한 자리에서 가족 상담의 필요성을 설명하고, 가능한 한 빨리 전문상담소에 연락해 가족 상담을 받도록 안내한다.

4. 철석같이 믿었던 자녀가 신천지인이라는 말을 들으면, 대부분 부모는 당황하여 "우리 아이는 그럴 리가 없다"며 그 사실을 믿지 않으려 한다. 그럴 때 부모를 진정시키고 여러 정황을 설명한 후, 이단 상담소에 가서 전문가에게 알리고 진단을 받도록 한다. 이때 가능한 한 목회자도 함께 가면 가정과 목회자의 공조가 가능해져 신천지에 빠진 자녀의 탈퇴를 효과적으로 도울 수 있다.

5. 부모가 도저히 믿을 수 없다는 반응을 보인다고 해도, 절대 자녀가 신천지인이란 사실을 부모가 직접 자녀에게 물어서 확인

하지 않도록 한다. 가장 최악의 시나리오는 부모가 자녀에게 "너 신천지 다니니?"라고 직접 묻는 것이다. 당사자가 이 말을 들으면 곧바로 부모가 눈치챘다는 사실을 신천지에 알리고, 신천지에서는 부모와 상담소의 핍박에 대응하는 매뉴얼을 가동하고 집중 교육에 들어간다. 가능하다면, 신천지에서 자녀를 정신적으로 더 무장하기 전에 상담을 받도록 해야 한다.

6. 부모의 동향을 자녀가 눈치챘다고 생각될 경우, 상담소에 갈 때도 자차보다는 택시나 다른 차량을 이용한다. 부모의 차량 정보가 이미 신천지에 넘어간 상황이기에, 눈치를 챈 이후부터 차량 추적에 들어감을 전제해야 한다.

7. 이때 목회자는 당사자의 상황을 당회나 다른 교역자에게 발설하지 않는다. 발설할 경우, 아무리 비밀 보장을 요청하더라도 순식간에 교회 전체로 소문이 퍼져나갈 위험이 있기 때문이다. 당사자가 청년인 경우, 청년부 지체들에게도 말하지 않는다. 이탈자가 회복하는 것도 중요하지만, 회복 후 공동체에 다시 들어오는 환경도 깊이 함께 고려해야 한다. 조용히 비밀스럽게 하지 않으면 당사자는 자신도 모르게 이단이라는 낙인을 달고 다니게 되고, 나중에 신앙을 회복하고 교회로 돌아왔을 때도 이

낙인은 쉽게 지워지지 않아 상처로 남는다.

8. 목회자는 신천지인 청년이 활동했을 시기를 대략 알게 되었을 때, 그 시기부터 교회 청년들 중에 잘 나오지 않거나 이런저런 핑계를 대고 공동체를 자주 빠지는 청년들이 얼마나 되는지 현황을 파악할 필요가 있다. 신천지인임을 숨기고 청년부에 잠입하여 활동하는 경우, 이미 청년부의 명단이 신천지에 넘어가서 이들에게 맞춤형 전도가 들어가 미혹된 청년들도 있음을 염두에 두어야 한다.

13장

토론 편

토론 편

* 신천지인이 궁금한 것이 있다고 전화를 하거나 물어보러 올 때

1. 최근 오픈 전도가 활성화되면서 자신이 신천지임을 스스로 드러내는 경우가 있다. 그 신천지인을 아는 지인은 '왜 그런 곳에 갔느냐'며, 그를 회심시키기 위해 자신의 담당 목회자에게 상담을 요청하고 데려올 때가 있다. 이때 목회자는 이들과의 대화를 지혜롭게 이끌어가야 한다.

2. 우선, 신천지인이 목회자와 대화하기 위해 교회에 오는 것은 선한 의도가 아님을 알고 있어야 한다. 그들은 비록 지인의 손에 끌려오기는 했지만, 목회자와 대화 후 다시 신천지로 돌아가 자

신이 기성교회 목회자와 말씀으로 싸워 이기고 왔음을 내세울 것이며, 오직 신천지에만 진리가 있음을 자랑하고 선전할 것이다. 또한 지인이 원하는 대로 목사님과 만나 대화한 것을 명분 삼아, 그 지인도 신천지 사람을 만나게 하려는 의도가 있다.

3. 목회자가 신천지인과 전문적으로 토론에 응대하기 어려운 경우, 어떻게든 스스로 해결하려고 하지 말고 신천지 교리에 대해 정확히 알고 대응할 수 있는 목회자와 연계하는 것이 현명한 방법이다.

4. 때로 신천지인은 교회에 전화해서 궁금한 것이 있으니 물어봐도 되겠느냐며, 자신들의 교리나 요한계시록, 마태복음 24장, 창세기 등의 비유 해석을 물어올 때가 있다.

5. 그럴 때는 전화로는 이야기할 수 없으니 교회로 와서 이야기하자고 하며 대면 만남을 유도해야 한다. 전화로 대답하게 되면, 이들이 녹음해서 나중에 신천지 구역이나 청년회에 통화 내역 녹음을 공개하면서 '내가 기성교회 목사에게 물어보니 하나도 모르더라'며 자기 과시의 희생양이 될 수 있음을 기억해야 한다.

6. 교회에 찾아올 때는 상담 전에 방명록에 이름, 연락처, 인적사항(지파, 봉사 등등)을 써넣게 해야 한다.

7. 대화를 시작하기 전에 모든 녹음 가능성을 차단해야 한다. 핸드폰과 스마트 시계의 전원을 끄도록 부드럽고 정중하게 요청해야 한다. 만약 전파탐지기 같은 것을 준비할 수 있다면 비밀리에 가져온 초소형 녹음기 유무까지 파악할 수 있다. 물론, 이때 신천지인이 이런 행동은 강제적으로 빼앗는 것이라며 법적으로 문제를 삼겠다고 과민하게 반응할 수 있다. 이럴 경우에는 당황하지 말고 "이전에 신천지에서 몰래 녹음을 해서 악의적으로 편집한 사례가 있었다"며 친절하게 안내한다.

8. 신천지인과 대화할 때 이들은 미리 대화하는 훈련을 받고 왔다는 것을 기억하라.

9. 신천지인들이 기성교회 목회자의 성경해석과 교리 설명을 자꾸 듣다 보면 설득될 때가 있다. 이때 신천지에서는 "하와가 뱀의 말을 들어 범죄하였듯 그의 말이 설득력 있게 다가오는 것 같으면 너의 영이 죽으니 더는 듣지 말고 자꾸 다른 질문으로 이야기를 돌려 물으라"고 교육한다. 신천지인이 말을 돌린다면

내부적인 혼란이 왔든지, 아니면 고의적인 말 돌리기일 가능성이 크다고 보면 된다.

10. 신천지인의 질문을 받고 설명하는 도중에도 신천지인은 자꾸 이런저런 질문을 던지며 말을 막을 때가 있다. 이것은 이들이 고의적으로 대화의 흐름을 끊는 것임을 기억하라. 자신들이 설득당하고 있어서 듣지 않기 위해 대화를 다른 곳으로 끌고 갈 수도 있고, 아니면 대화의 내용에 아랑곳하지 않고 대화 자체를 차단해 신천지 말씀의 우월함을 과시하기 위함일 수도 있다. 이런 때에는 조금 전 질문이 본인이 궁금해서 물어본 것인지, 아니면 대화를 끊고 화제를 돌리기 위해서 물어본 것인지를 확인해야 한다. 궁금해서 물었다면 다 대답을 듣고 다음 질문을 하라고 요청하라. 중간에 묻는다면 대답을 듣고 싶지 않고, 자신의 주장만을 하고 싶다는 것밖에 되지 않는다고 경고해 두라. 그리고 대화를 끊지 말고 끝까지 잘 들은 후, 한 주제가 끝나면 기다렸다가 다음 주제를 이야기하자고 요청해야 한다. 만약 자꾸 중간에 말을 끊고 질문을 한다면, "그런 태도는 '나는 목사님의 말이 설득력이 있어 선악과를 먹을 것 같아요'라는 뜻으로 이해하겠다"고 말하라.

11. 그것도 되지 않을 때에는 대화를 끊고 다음을 기약한다. 그렇지 않고 이들의 훈련된 거짓 교리를 들어주면서 이들의 유도질문에 오락가락하게 되면, 이들에게 자신들이 더 우월하다는 그릇된 감정을 심어줄 수 있다.

12. 신천지인이 대화를 하러 올 때 혼자가 아닌 둘이 함께 올 때도 있다. 이는 목회자의 답변과 질문에 서로가 대답하지 못하고 당황하는 것을 방지하고, 함께 대화를 흐리기 위한 목적이다. 둘 이상과 함께하는 대화는 거절하라. 정말 궁금하면 혼자 와서 들어보라고 해야 한다.

13. 한 번의 대화를 통해 신천지인이 변화될 가능성은 거의 없다. 대화의 목적은 그들의 사고구조를 파악하고, 이들에게 신천지 교리의 오류 가능성을 고민해 보도록 하는 것에 두어야 한다. 이는 나중에 교주가 죽고 교리적 충격과 혼란이 올 때, 언제든 찾아가 상담할 사람이 있다는 것을 각인시키기 위한 좋은 사전 작업 정도로 생각하면 된다.

14. 신천지인이 토론할 때 신사적이고 협조적인 모습이었다고 해서 안심하지 말라. 토론 후 신천지에 돌아가 이 상황을 보고하

고 피드백을 받고 나면 돌변할 가능성이 크다. 그는 신천지측의 피드백을 따라 "그 목사에게는 말씀이 없다", "내 핸드폰을 강제적으로 빼앗았다"며 갑작스럽게 태도가 돌변하여 문자나 전화로 대응해올 수 있다. 이런 경우 과민하게 반응하지 말고, 교회 측은 그에게 정중하게 요청했고 그가 스스로 핸드폰 전원을 끄고 협조했음을 강조해야 한다. 또한 나중에 교주가 죽으면 꼭 찾아오라고 말하거나 문자를 보내는 것이 좋다. 이런 면에서 신천지인과 토론할 때는 일대일이 아닌 신천지인을 권면해서 교회로 데려온 지인이나 교회 측 관계자가 함께 동석하는 것이 좋다.

14장

개척교회 침투 편

개척교회 침투 편

1. 당신은 개척교회의 목회자다. 교회를 개척했지만 여러 해 동안 성도들의 숫자는 열 명을 넘기지 못한다. 몸도 마음도 점차 지쳐간다.

2. 그러던 어느 날 청년(A) 하나가 등록한다. 이 청년은 눈을 반짝반짝 뜨고 말씀을 듣더니, 은혜가 된다며 예배를 빠지지 않고 꾸준히 참석한다. 참 기특하다는 생각이 든다.

3. 그렇게 두 세달이 지난 후, 청년은 자기 친구라면서 두 명의 새 신자를 데려 온다. 이 두 친구도 예배를 몇 번 참석하더니 목사님 말씀이 참 은혜롭다며 계속해서 열심히 교회를 다닌다.

4. 2주 후, 이 청년들이 또 다시 자기 친구들을 데려온다. 그런 식으로 청년들이 점점 늘어나더니 어느덧 교회 청년들이 10명이 넘게 되었다. 개척한 지 처음으로 예배 인원이 20명을 넘겼다.

5. 당신은 하나님께서 드디어 자신의 목회에 은혜를 부어주시나 보다는 생각을 한다. 이렇게 귀한 청년을 보내주시고, 또 청년들이 이렇게 잘 나오는 것을 보니 너무나도 신기하고 감사하다.

6. 어느 토요일, 교회를 나와보니 청년들이 나와 교회 청소를 한다. 어떻게 된 일인가 물어봤더니, 교회에서 은혜를 받는데 어떻게 가만있을 수 있느냐는 것이다. 자기들도 교회에 조금이나마 도움이 되고 싶다고 한다. 참 기특한 청년들이다.

7. 그러던 어느 토요일, 청년들이 당신의 생일에 케이크를 사온다. 그리고 케이크에 촛불을 붙이고 생일 축하 노래를 불러준다. 당신은 너무나도 큰 감동을 한다. 청년들은 목사님의 말씀이 너무 은혜롭다며 당신을 칭찬한다.

8. 너무나도 감동한 당신은 이런 것이 목회의 보람이라는 생각을 해 본다. 그래서 당신은 청년들에게 필요한 것이 없느냐고 묻

는다. 매주 교회에 빠지지 않고 출석할 뿐만 아니라, 교회를 구석구석 청소하는 이 기특한 청년들을 위해서라면 무엇이라도 해주고 싶기 때문이다.

9. 청년 중 하나(A)가 목사님께 말한다. '목사님 말씀이 너무너무 은혜로운데, 딱 한 가지 아쉬움이 있다'는 것이다. 당신은 그것이 무엇이냐고 묻는다. 그러자 그 청년은 목사님이 여기에 신천지 말씀을 조금 알면 더 파워풀한 말씀을 전할 것 같다는 것이다.

10. 당신은 청년들에게 호기롭게 '그래? 그러면 내가 한 번 알아보지' 하고 대답한다. 이 청년들에게 좋은 영적 양식을 공급하기 위해서라면 무엇이라도 해 보고 싶기 때문이다.
곁에서 이 일을 지켜보던 당신의 아내이자 목회자의 사모는 깜짝 놀라며 당신을 쳐다본다. 청년들이 간 후, 사모는 무슨 신천지 성경공부냐며 펄쩍 뛴다. 하지만, 당신은 신천지 성경공부가 뭐 대수냐, 알아보고 좋은 것만 잘 취하면 된다고 생각한다.

11. 그런데 그렇게 청년의 소개로 시작한 성경공부가 점점 재미있어진다. 아, 이래서 이단 성경공부를 하는구나 하는 생각이 든

다.

12. 당신이 교회에 나오는 청년들을 위해 시작한 신천지 성경공부는 그렇게 계속된다. 하지만 당신은 아직 그 청년들이 당신의 교회를 신천지로 데려가려는 신천지 추수꾼 청년들이고, 결국 당신과 성도들을 신천지로 포섭해서 데려가려는 전략이라는 것을 미처 눈치채지 못한다.

교회 침투 편

* 신천지는 교회 안에 은밀하게 추수꾼들을 침투시켜 성도들을 미혹하기 위해 끊임없이 기회를 엿보고 있다. 코로나 이후로 추수꾼이 침투하는 경우는 많이 감소하고 있으나, 코로나 이전부터 이미 교회에 침투하여 조용히 적응하고 있던 추수꾼들이 최근 들어 다시 활동한다는 제보가 들어오고 있다. 교회 안에 아래와 같은 현상이 나타나면 주의해야 한다.

1. 최근 들어 새가족들이 주로 젊은 청년들을 중심으로 꾸준하게 증가하고 있다.

2. 새가족들이 등록 카드를 작성할 때, 이전에 신앙 생활했던 교회

를 적지 않고 이름과 연락처 정도만 간단히 써서 제출하려 한다.

3. 이들은 교회에 등록했지만 예배에 열심히 참여하지는 않는다. 교회에 들어와 양육은 받지 않지만, 청년부의 핵심 임원이나 새가족 리더, 또는 직분(항존직)을 맡으려 한다.

4. 직분을 맡아도 주일이나 주중 모임에 빠지는 경우가 종종 있다. 그러면서도 직분은 끝까지 내려놓지 않으려 한다. 또한 헌금생활을 거의 하지 않는다. 신실한 성도로 보이지만 교회에 침투한 신천지인들은 특히 십일조를 하지 않을 것이다. 신천지에 헌금해야 하기 때문이다. 물질 가는 곳에 마음이 가기 마련이다.

5. 이들은 때때로 교회의 여러 성도들과 일대일로 접촉하며 빠른 인간관계와 친분을 맺어가며 교인들의 신뢰를 쌓기도 한다. 특히 이들은 교회의 당회원들과 개인적으로 친분을 쌓으면서 빠르게 이들의 신뢰와 마음을 얻도록 애쓸 것이다. 그래야 항존직 후보에 오를 가능성이 크기 때문이다.

6. 그가 가는 곳마다 교회와 특히, 목회자를 비방하는 거짓 비방

과 험담들이 들린다. 목회자 개인의 재정 비리, 불순한 이성 관계 등 여러 근거 없는 소문들이 이들이 모이는 곳에서 퍼지기 시작한다.

7. 제직회 때 재정사용에 문제를 제기하거나 소란을 일으키기도 한다.

8. 교인들을 잘 섬기며 마음을 얻으려 한다. 이는 가능한 한 빠르게 장로나 항존직분자가 되려는 속셈 때문이다. 그러면서 동시에 음지에서는 교회와 담임목사에 대한 불만세력을 키워간다. 그러다가 항존직이 된 후에는 태도가 돌변한다. 불만세력을 규합해 목회자나 교회를 공격대상으로 삼고 전략적으로 분규교회로 만들어 간다.

9. 그가 구역장이나 목장 등의 소그룹 모임의 리더를 맡을 경우, 소그룹 나눔 대신 신천지의 성경공부 내용 즉 예언, 비유, 말씀의 목자 등등 교회에서 가르치지 않는 생소한 내용의 성경공부를 한다는 소문이 들린다.

* 이럴 때 교회는 어떻게 대응해야 할까?

1. 새가족이 등록할 경우, 등록란에 기재되어 있는 사항을 가능한 한 꼼꼼하게 쓰도록 한다.

2. 기존에 신앙생활을 했던 성도가 여러 가지 이유로 교회를 옮기게 되었다며 등록하려 할 때, 반드시 전에 다녔던 교회 이름을 확인하고 기록으로 남긴다.

3. 특히 기존에 다녔던 교회가 누구나 들어도 알만한 대형교회인 경우, 그곳에서 어떻게 신앙 생활했는지를 간단하게 묻고 파악한다. 거짓으로 써넣었을 가능성이 크기 때문이다.

4. 새가족 과정 가운데 반드시 이단 관련 과목을 배치한다.

5. 필요한 경우 새가족 수료 전에, 이단 침투의 위험성을 공지하고, 그의 신원이 새가족 등록카드에 기록한 것과 주민등록증의 기록사항과 일치하는지 확인한다.

6. 새가족 수료 이후 양육에 참여하지 않지만 기관장, 교사, 새가

족 리더 등으로 자원의사를 밝힐 경우, 반드시 기초적인 양육에 참여하도록 권면하라.

7. 새가족 수료 후 주일 예배 출석과 주중 예배 출석 추이를 지켜보라.

8. 꾸준한 헌금생활 여부를 점검하라. 등록 이후 헌금생활이 거의 없고(특히 십일조) 수상한 활동이 포착되는 경우 주의하라.

9. 가는 곳마다 목회자에 대한 비방이나 험담이 들릴 경우, 그 험담의 내용을 확인하고 직분자들에게 그를 경계하도록 한다. 정기적인 이단 예방교육을 통해 직분자들에게 교회 안에 이러한 경우가 있음을 사전에 인지시켜 둔다.

10. 목회자에 대한 근거 없고 자극적인 비방과 험담을 들은 성도들은 깜짝 놀라며 "정말 사실이야?"라는 식으로 반응하지 말라. 오히려 굳은 표정으로, "도대체 그런 말을 하는 당신의 정체는 무엇이냐?"고 추궁해야 한다. 교회는 교인들이 음지에서 떠도는 근거 없는 비방과 헛소문을 접할 때 굳은 표정으로 대하며, 곧바로 교회에 알리는 훈련을 정기적으로 실시해야 한다.

11. 이와 함께 비슷한 시기에 새가족으로 등록한 사람들을 파악하라. 신천지에서는 한두 명만 교회로 보내지 않고 가족 단위나, 다양한 연령대들을 특별훈련을 시켜 교회에 침투시키는 경우도 종종 있기 때문이다.

12. 가능한 한 전 교인을 대상으로 1년에 1, 2회 정기적인 이단 예방 세미나를 실시하도록 하라.

13. 세월을 통해 드러나는 신앙생활의 신실함을 점검하라. 교회에 새로 등록한 지 얼마 되지 않았는데 목사님께 너무나도 잘하고, 교회를 열심히 섬기고 봉사한다고 해서 섣부르게 그를 중용하여 교회의 중심으로 끌어들이지 말라. 그의 중심에서 나오는 신실함을 다양한 경로로 검증하기 전까지는 기다리라.

14. 그가 구역 또는 소그룹 인도자를 맡았는데, 자꾸만 이상한 내용을 가르친다는 제보가 들리는 경우, 이런 경우는 보통 이런 일이 진행된 지 한두 달이 지나서야 제보되는 경우가 많다. 소그룹원들이 참고 참다가 마지못해 이야기하는 경우가 대부분이기 때문이다. 따라서 이런 소문이 들릴 때는 이미 어느 정도 진행된 것으로 알고 인도자를 불러 사실 여부를 확인하고 재빨리

조치해야 한다.

15. 새로 교회에 등록한 성도가 구역이나 목장에서 친밀하게 교제하다가, 가까운 소그룹 식구에게 "잘 아는 선교사님이 오셨는데 함께 만나서 이야기 듣자"고 초대하는 식의 외부 모임 또는 성경공부 모임에 초대하는 경우도 조심해야 한다. 이런 경우 곧바로 담당 교역자에게 제보할 수 있도록 정기적으로 훈련해야 한다.

16. 『바이블 백신1, 2』(홍성사), 『정말 구원받았습니까』(브니엘)와 같은 책자를 읽고 이단의 거짓교리를 파악하여 바른 정통교리로 신앙의 뼈대를 세우는 양육과정을 실시하라. 그리고 이 과정을 수료한 이들에게 직분을 맡긴다.

17. 필요한 경우 전문 이단 상담소에 자문을 얻으라.

18. 교회에 추수꾼으로 파견되는 신천지인은 본인이 신천지인이라는 명확한 증거가 드러나도 끝까지 신천지인이 아니라며 교회의 분란을 조장하는 경우도 있다. 따라서 새가족을 맞는 초기부터 교회가 잘 대응하는 것이 정말 중요하다.

16장

교회 시위편

16장

교회 시위 편

1. 교회 앞에서 1인 시위할 경우

1) 교회 출입구에 "신천지 Out", "신천지인 출입금지", "신천지인의 출입을 금합니다" 등의 신천지(이단) 출입금지 스티커를 반드시 부착해야 한다. 이 스티커를 보고도 신천지인은 자신의 신분을 숨기고 얼마든지 들어올 수 있으나, 스티커를 부착하는 것은 교회 안에 소요가 일어나 법적 시비가 발생했을 때 법적 근거를 확보하기 위해서다.

2) 교회 관계자가 1인 시위를 하는 신천지인에게 가서 어느 단체에서 왔는지, 피켓에 쓰인 문구가 무슨 의미인지, 그에 관한 법

적 책임을 질 수 있는지, 직접 질문하여 확인하고 녹음해야 한다. 그러나 이 경우 제대로 된 대답을 기대하기 어려운 경우가 많다. 이들은 '교회개혁연대'에서 나왔다거나 '종교개혁을 원하는 평신도 선교단체'와 같이 정체가 불분명한 단체의 이름을 대며 둘러댄다. 이런 경우 나중에 경찰이 출동하면 정확하게 파악할 수 있을 것이다.

3) 교회 제직과 성도들은 신천지인이 건물 내부 및 교회 부지에 진입할 경우, 구두로 나가달라고 정중하게 요청해야 한다. 특히 교회 밖에 교회 부지의 경계가 어디인지 정확하게 파악하여 그 선 밖으로 나가달라고 요청해야 한다.

4) 몇 차례 권유해도 나가지 않으면 경찰서에 신고한다. 이때 이들의 시위장면을 동영상과 사진으로 찍어 현장 증거를 확보하여 함께 보내면 좋다.

5) 주의할 것은 이들과 신체 접촉을 하지 않는 것이다. 신천지인들은 몸만 앞으로 내밀어도 쓰러지고, 손만 대어도 넘어지며 스스로 자해하며 자신을 폭행했다는 식으로 도리어 교회에 법적 대응을 할 수 있기 때문이다. 이들에게 다가갈 때는 반드시 몇 사

람이 동행하여 이 모든 현장 상황을 카메라 또는 핸드폰으로 동영상과 사진을 찍어 증거 자료로 남겨두어야 한다. 그래야 혹시라도 법적 공방이 벌어질 경우 명확한 근거로 활용할 수 있다.

6) 1인 시위는 법적인 제동장치가 없다. 사유지 밖이라면 언제 어디서라도 시위를 벌일 수 있다. 당황하는 교회 성도들에게는 미리 이해를 구하고, 이런 상황에서 어떻게 대처해야 할지 알려주어야 한다.

7) 교회 앞에서 이렇게 시위할 경우, 신천지의 잔악·포악성이 교회 성도들에게 더 잘 드러나 성도들이 신천지의 접근에 더 민감하게 대응할 수 있게 된다. 오히려 성도들과 교회를 지키는 기회로 삼아야 한다.

8) 신천지 1인 시위자가 나타나면, 성도들은 조롱 및 욕설을 하는 식으로 휘말리지 말아야 한다. 교역자들은 애초에 이런 일이 발생하지 않도록 시위자에 신경 쓰지 않고 성도들이 평소와 다를 바 없이 교회로 들어가도록 안내한다. 교회 교역자는 이후에 신천지 1인 시위자에게 물이라도 한 잔 대접하면서 나중에 신천지의 잘못을 알게 된다면 회개하고 다시금 주님 앞에 돌아오라

는 따뜻한 말 한마디 건네는 일을 잊지 말자.

2. 교회 앞에서 단체(2인 이상)로 시위할 경우

1) 2인 이상의 단체 시위는 반드시 경찰에 48시간 전 집회신고를 해야 가능하다. 따라서 단체 시위가 합법적인지 아닌지 경찰서 정보과에 집회신고 여부를 확인해야 한다. 이를 위해 평소에 지역 경찰서의 정보과 연락처를 비상연락망으로 파악해 둔다.

2) 경찰서에 집회신고를 하지 않고 강행하는 집회가 있다면 교역자는 경찰 정보과 형사에게 연락해 현장에 나와 달라고 요청하라. 이때 시위장면을 사진이나 동영상으로 남겨 두어야 한다.

3) 시위 사진과 동영상 촬영은 시위자들의 위법사항을 채증자료로 사용하기 위한 것이다. 시위하는 이단들이 초상권 침해를 운운해도 찍는 것 자체는 문제가 되지 않는다. 단, 인터넷이나 다른 곳에 얼굴 사진을 게시한다면 초상권 문제가 발생한다는 점을 유념해야 한다.

4) 단체 시위는 기간을 정해서 미리 집회신고를 해야만 할 수 있

다. 따라서 차후 신천지의 단체 시위를 못하도록 막기 위해서는 관할 경찰서에 가서 신천지가 신고한 시위 날짜 이후에 교회가 먼저 단체 시위 신청을 해두어 앞으로 신천지가 교회 앞에서 집단 시위를 하지 못하도록 막는다.

5) 단체 시위 때는 마찰 및 충돌이 우려되어 경찰도 미리 와 있을 것이다. 신천지인들의 야유나 조롱, 시비를 거는 말에 성도들이 놀라거나 반응하지 않도록 안내하고, 조용히 교회로 들어가도록 인도하면 된다.

※ 새로남교회(오정호 목사)가 교회 앞에서 집단 시위에 나선 신천지 신도들을 상대로 집회금지가처분 신청을 제기해 승소한 사례가 있다. 신천지의 시위가 있을 때 새로남교회의 소송 대응을 참고해도 좋다.

신천지측은 2016년 5월부터 대전지역 교회들을 골라 집단 시위를 벌였다. "'교리비교영상' 유튜브에서 확인하세요"라는 플래카드를 걸고 10여 명의 신천지 신도들이 교회 예배가 있는 시간인 일요일을 선택해 집단 시위에 나섰다. 새로남교회는 이를 좌시하지 않고 소송으로 대응했다. 신천지측이 새로남교회

인근에서 일요일에 집회 또는 시위를 개최하거나 소속 신도로 하여금 이를 하도록 해서는 안 된다는 취지로 집회 금지 가처분 신청을 낸 것이다.

대전지법 제 21 민사부(2016 카합131)는 2016년 8월 8일 결정문에서 새로남교회측의 신청을 받아들이는 한편 "이를 위반할 경우 위반행위 1회당 100만원씩을 채권자(새로남교회)에게 지급하라"고 결정했다. 대전지법은 결정문에서 "집회·시위 및 표현의 자유는 헌법상 보장된 기본권으로서 최대한 보장(되어야 한다)"고 전제하면서도 "위와 같은 헌법상의 기본권도 타인의 권리를 침해해서는 안 되고 그 표현방법과 수단이 적절해야 한다는 한계를 가진다"고 판시했다. 대전지법은 "채무자(신천지)가 채권자(새로남교회)가 예배를 하는 일요일에 그 주위에서 자신의 교리를 설파하거나 채권자를 비난하는 등의 집회 및 시위를 하는 것은 채무자의 정당한 권리 행사가 아니고 사회적 상당성이 인정되지 않는 위법한 행위다"고 결정했다. 만일 이 결정을 무시하고 신천지측이 새로남교회 100m내에서 집회·시위를 할 경우 1회당 100만원을 지급해야 한다. 이는 교회 앞에서 신천지측이 시위를 할 때 실효적 대응자료로 활용할 수 있는 중대한 판례이다.

3. 교회 안(예배당)으로 침입했을 경우

1) 이단 사이비(신천지) 출입금지 표지가 부착되었음을 주지시키라.

2) 무단침입은 법적으로 문제가 될 수 있음을 고지하고, 밖으로 나가도록 정중히 요청하라. 나중에 출입 금지 표지를 못 보았다고 핑계 댈 수 있다. 그러니 재차 반복해서 요청하라.

3) 이 과정에서 말싸움하거나 그들이 가진 시위도구를 강제로 빼앗거나 몸싸움을 하지 않도록 주의하라. 그들의 도구를 훼손할 경우 재물손괴로 벌금을 물 수 있다.

4) 여성 시위자는 여성이 상대하도록 하라. 남성이 대응에 나서면 자칫 성추행으로 고발당할 수 있다.

5) 가장 좋은 것은 말을 섞지 말고 정중히 나가라고 요청하는 것이다. 그 외의 불필요한 말이나 욕설을 하지 않도록 주의하라.

6) 나가지 않으면 경찰에 신고하고, 동영상과 사진으로 현장 자료

를 확보하라.

4. 신천지측이 교회로 목회자를 찾아오거나 우편물을 보냈을 때

1) 담임목사님을 만나러 왔다고 하면 반드시 어느 단체의 누구인지 신원을 확인하라. 신천지에서 왔다고 밝히면 전면 대응하지 말고, 정중히 돌아가도록 권유하라.

2) 전화나 우편으로 만나자고 할 경우에도 거절하라.

3) 우편물이 왔을 때, 우체국에 반송 요청한다. 등기 우편일 경우에는 반송 요청시 발신자 측이 우편요금을 부담하게 된다.

17장

교회 MOU 포교 편

교회 MOU 포교 편

1. 교회 운영이 어려운 어느 시골 마을 A교회, B목사는 재정도, 인력도 부족한 현실 앞에서 날마다 기도하는 중이었다. 그때, 낯선 단체로부터 전화 한 통이 온다. "목사님, 저희는 복음 사역에 관심 있는 단체입니다. 작은 교회를 지원해드리고 싶습니다."

2. 도움을 주겠다니 감사한 일이다. 상대는 "저희는 평화와 말씀 교류를 추구하는 ○○연합입니다. 교회와 저희 단체가 협력하여 지역 복음화를 함께 이루면 좋겠네요"라며 정중한 목소리로 MOU(양해각서)를 제안했다.

3. 목사 B는 처음 듣는 단체명에 살짝 의심이 들었지만, 상대는

"절대 종교 단체가 아닙니다. 그냥 복지와 평화를 위한 연합이에요"라고 재차 강조한다. B목사는 몇 차례 더 통화하고, 작은 문서 하나를 받는다. '세계복음교류를 위한 MOU 협약서.'

4. MOU를 맺자, 상대측은 예배 지원, 봉사자 파견, 교회 운영 컨설팅까지 도와주겠다고 한다. 실제로 몇 명의 '청년 사역자들'이 교회에 출석하기 시작한다. 모두 인상도 좋고, 예배도 잘 드린다. 오랜만에 교회가 활기를 띠는 것 같았다.

5. 그런데, 몇 주 지나자 이들은 교회 안에 각종 모임을 만들고, 성도들과 개별 상담을 하며, '말씀 중심의 교류 모임'을 따로 열겠다고 제안한다. 교인들이 하나둘씩 그 모임에 빠져들며, 기존 설교보다 그들의 성경 풀이에 더 귀를 기울이기 시작한다.

6. 알고 보니, 이 단체는 신천지였다. 협약서에도 '신천지'라는 이름은 한 번도 등장하지 않았고, 포교의 도구로 MOU를 활용한 것이었다. 그리고 이미 교회 간판도 은근히 바꾸자는 이야기를 꺼내기 시작했다.

7. 신천지는 요즘 이렇게 'MOU'라는 외양을 입혀 접근한다. 겉으

로는 '말씀 교류', '지역 연합', '복지 협력'을 이야기하지만, 실제로는 교회 안에 침투하여 교인들과 리더들을 분열시키고, 교회의 정체성을 파괴하는 전략이다.

8. 2024년 기준, 신천지는 이미 약 779개의 교회와 MOU를 체결했다고 주장한다. 그중 83개는 실제로 간판까지 바꾸었다. 부산의 한 교회는 "신천지예수교회"라는 간판을 내걸고, 신천지와의 협약을 언론에까지 공개했다.

9. 이들은 실제 기성 교회처럼 꾸민 '위장 교회'를 만들어 자작극을 벌이기도 한다. 신천지 내부 교회끼리 협약식을 하고, 이를 마치 정통 교회가 협약한 것처럼 홍보한다. 협약식 사진, 영상, 언론 기사, 유튜브까지 총동원된다. "기성 교회도 신천지와 협력한다"는 착시를 만들기 위한 연출이다.

10. MOU 체결 시에는 '신천지'라는 이름을 절대 사용하지 않는다. 대신 다음과 같은 명칭을 사용한다:
    - ○○바이블센터
    - ○○성경아카데미
    - 평화연합, 청년사역연구소

- ○○선교포럼, ○○통일연합, UPF(지구촌평화연합)
- 심리치유센터, 청년문화단체, ○○복지재단 등

11. 협약서는 교묘하게 구성되어 있다. '말씀 교류를 위한 상호협력', '지역 사회 통합과 평화를 위한 공동 사역' 등, 내용은 그럴듯하지만, 실제로는 내부 장악을 위한 문서다. 특히 외부 지원에 목마른 미자립 교회가 주요 표적이 된다.

12. 일단 협약이 체결되면, 신천지 측 인원들이 예배, 교육, 재정, 심지어 교회 홈페이지 관리까지 하나하나 관여하기 시작한다. 교회는 점차 외형만 남고, 실제 운영은 이들 손에 넘어가 버린다.

13. 이 과정에서 성도들 간의 충돌도 일어난다. "이 사람들 좋은 사람들이잖아요." "설교도 말씀 중심인데 뭐가 문제죠?" 이렇게 내부 혼란이 커지면서, 결국 목회자가 쫓겨나거나 교회가 분열되기도 한다.

14. 어느 날, 교단 이단대책위원회에서 이 사실을 접수받고 방문한다. 서명한 MOU를 확인한 순간 모두가 경악한다. "이건 신천

지입니다." 이미 교회는 신천지의 외곽 조직과 손을 잡은 상태였고, 회복은 쉽지 않다.

15. 신천지의 MOU 전략은 단순한 문서가 아니라, 교회를 삼키기 위한 '문서 위장 포교'다. '협력'을 이야기하며 침투하고, '지지'를 가장하며 교회를 장악한다. 그리고 교회를 세탁하여 '신천지화'하는 것이다.

16. 교회는 깨어 있어야 한다. 지금도 전국 어딘가에서 비슷한 문서가 서명되고 있을지 모른다. "목사님, 혹시 MOU 맺으신 단체가… 그 단체, 정말 어디 소속인지 확인하셨습니까?"

18장

오픈전도 편

18장

오픈전도 편

* 자신이 신천지임을 가족에게 밝힐 때

1. 어느 날 신천지인이 가족에게 자신이 신천지임을 밝히면 부모나 가족은 커다란 충격을 받는다.

2. 신천지 활동을 숨겼던 그가 이렇게 공개적으로 자신을 드러내는 것에는 몇 가지 이유가 있다.

   첫째, 그동안 효과적으로 진행했던 신천지의 모략 전도(자신이 신천지임을 숨기고 타로, 세미나, 심리상담 등을 통해 사람들을 모으는 것)가 코로나 시대를 맞이하여 더 이상 효과가 없다고 판단하여, 공격적으로 가족을 포교하려는 전략의 일환이다(신천지에서는 이 시기를 코로나로 인한 환난의 시대라고 하여, 환난이 곧 끝나면 하나님 나라가 완성되기에 가족과 친구에게 당당하게 오픈 전도해서 하나님 나라에서 육체영생을 하자며 동기부여를 한다).

둘째, 코로나로 인해 활동이 온라인으로 제한되면서 가정에서 더는 자신의 활동을 숨기기 어려운 경우가 빈번하게 발생하기 때문이다. 가정 안에서 자신의 정체를 숨기는 것은 상당한 정신적 스트레스와 불안의 요인이다. 이런 면에서 자신이 신천지인임을 가족에게 공개하는 것은 위험을 감수하고라도 가족 내에서 신천지 신앙의 자유를 획득하겠다는 선언이다. 더는 눈치 보지 않고 떳떳하게 신천지 활동을 하겠다는 것이다. 이때 신천지는 그에게 자신이 신천지인이라는 자부심을 느끼면서 당당하게 오픈하도록 지도한다.

셋째, 이렇게 공개하는 이유는, 한편으로는 코로나19 사태로 신천지 문제가 만천하에 드러났을 때 자신을 떳떳이 드러내지 못한 것에 대한 반성도 있다. 당시 코로나 사태로 신천지의 민낯이 드러나게 되었을 때, 신천지 활동을 의심하던 가족은 은밀히 활동하던 신천지인 자녀 혹은 가족에게 '너도 혹시 신천지 다니는 것 아니냐'는 질문을 한두 번씩 했다. 이때 대부분의 신천지인들은 자신들의 정체를 숨기기에 급급했다. 하지만 계속되는 비대면 시대에 더는 숨기기 어려운 상황이 오자, 그때 정체를 공개하지 않은 것을 후회하고 공개하게 됐다.

넷째, 정체를 공개하는(오픈하는) 가장 중요한 이유는 총회장이 신천지인들에게 자신을 드러내 전도하라고 명령했기 때문이다. 오픈 전도는 총회장이 보석을 허가받아 출소한 뒤 신도들에게 내린 명령으로, 이제는 자신이 신천지인임을 가족에게 오픈하여 전도하라는 적극적인 전도 방법을 말한다. 오픈 전도가 선언된 시점은 신천지의 관점에서 볼 때 약속의 대언의 목자가 세상의 고난을 겪고 이긴 (보석금 출소) 직후다. 신천지인들은 이 시점에 하달된 오픈 전도야말로 약속의 목자가 하늘의 뜻을 전해주는 명령이라 받아들인다. 따라서 신천지인들은 몇 년 동안 숨겨왔던 자신의 정체를 가족들에게 주저 없이 오픈하며, 이제 이 땅 가운데 하나님께서 약속하신 천국이 이루어질 날(요한계시록의 성취)이 얼마 남지 않았다고 생각한다. 이들은 오픈 전도가 가족들을 신천지로 데려올 수 있는 마지막 기회라고 생각한다. 이제 천국이 이루어질 날이 얼마 남지 않았으니 공개할 때가 다가왔다는 것이다. 오픈을 한다는 것 자체가 이제 곧 요한계시록이 이루어질 때가 얼마 남지 않았다고 생각한다는 의미이다. 결국 오픈 전도는 신천지를 끝까지 포기하지 못하게 하는 족쇄가 된다.

3. 신천지인이 가족에게 자신의 정체를 오픈할 때 가족은 그동안 자신이 속았음을 알게 되고 충격을 받는다. 이때 가족은 본능에 따라 "어떻게 네가 그럴 수가 있느냐"고 상대방을 힐난하고 분노하기 쉽다. "어떻게 그런 이단단체에 빠질 수 있느냐", "거기가 어디인 줄 알고 갔느냐", "어떻게 그런 할아버지를 재림주로 믿느냐"는 식으로 비난하면, 도리어 신천지인은 눈 하나 깜빡하지 않고 그건 신천지를 잘 몰라서 그렇다며 여유있게 반박한다. 이런 반응을 보일 때 어떻게 대처할지 미리 교육을 받았기 때문이다(상황극, 영상매체, 대응 매뉴얼 공유).

4. 신천지인은 가족들이 받을 충격을 예상하고 신천지인임을 공개한다. 이들이 노리는 의도는 크게 두 가지다.
① 가족 내에서 신천지 신앙의 자유를 획득하는 것이다. 신천지는 내부적으로 "언제까지 가족한테 매여있어야 하느냐, 믿음이 되면 자유를 선언해야 하지 않느냐"는 불만의 소리가 계속되어 왔다. 만약 가족이 큰 갈등을 빚지 않고 자신의 신앙을 인정해 준다면 신앙의 자유를 획득하고 더 이상 눈치 보지 않고 음지에서 벗어나 떳떳하게 신앙생활을 할 수 있다. 특히 가족에게 들

키지 않기 위해 거짓으로 둘러대고 긴장하느라 밤잠을 설치고 불면증에 빠진 신천지인들이 많다. 만약 가족이 이들의 신앙을 인정한다면 이제 불면증 없이 두 다리 뻗고 푹 잘 수 있다.

② 만약 가족이 인정해 주지 않고 그럴 바에야 나가라고 하면, 비록 가족과 함께는 아니지만 적어도 신앙의 자유를 얻을 수 있다. 결국 신천지인은 어떤 방식으로든 자유를 쟁취하게 된다.

5. 신천지인이 가족에게 자신의 정체를 오픈할 때 가장 큰 위험은 개종상담이다. 그래서 이들은 가족들에게 자신을 오픈하며 미리 교육받은 대로 "절대 자신을 강제개종하지 말라", "상담 비용이 수백만원에서 천만원씩 하니 결국 상담하다 집안 살림 거덜 난다", "강제 개종하다 죽거나 미칠 수 있으니 제발 그런 짓 하지 말라", "강제개종 목자(이단 상담소 목사)는 사탄이 함께 하는 자이고 그 입에서 나오는 말을 들으면 영이 죽는다"라고 미리 못을 박아둔다.

6. 가족이 자신을 오픈한 신천지인에게 이단 상담소에 가서 상담을 받자고 하면 신천지인은 눈 하나 깜빡하지 않고, 자신이 상담소에 가서 상담을 들을 테니 가족도 똑같이 신천지에 와서 신천지 말씀을 듣자고 제안한다. 이때 상담을 강권했던 가족은

할 말을 잃고 당황한다. 결국 이런 대답을 들은 가족은 입을 닫게 된다. 그렇게 되면 가족은 이단 상담을 받자는 말을 다시 꺼내기가 쉽지 않다. 그러나 이때부터 신천지인은 오히려 긴장하고, 몰래 가족 휴대폰의 사용내역을 검사하여 교회나 이단 상담소에 전화를 하고 있는지를 매일 수시로 감시할 것이다. 그리고 그 동향을 수시로 신천지에 보고할 것이다. 또한 위치추적 어플을 설치하고, 가족들이 종교로 인해 자신을 핍박했으며, 지금은 자신의 의사와 상관없이 납치된 상황이라고 알리는 영상을 찍어 신천지에 보관한다. 그러다 상담이 시작되었을 때 신천지 담당부서는 미리 보관한 자료를 근거로 경찰에 신고하기도 한다.

7. 만약 신천지인이 가족들의 활동을 감시하는 것 같으면, 핸드폰 비밀번호를 바꾸거나 아니면 텔레그램을 설치하여 최근 자녀들의 텔레그램 접속 시간과 내역을 점검한다. 그러면 보고가 빈번한지 아닌지, 긴장하고 있는지 아닌지를 알 수 있을 것이다 (텔레그램에서는 상대방의 프로필을 통해서 접속 시간을 볼 수 있다).

8. 만약 가족이 '나도 가서 들을 테니 같이 상담받자'고 하면 신천

지인은 '그럼 자신이 가서 한 시간 들으면 가족도 그다음에 똑같이 한 시간을 듣고 과연 어떤 것이 옳은 진리인지 비교하자'고 답할 것이다. 그러나 그런 식의 동의는 상담 효과를 무력화시킨다. 효과적인 상담을 위해서는 "먼저 상담실의 이야기를 다 듣고 그래도 진리가 아닌 것 같으면 가족도 신천지에 가서 듣겠다"고 해야 한다. 요점은 먼저 신천지인이 상담실에 가서 상담을 다 듣고 나면, 그 이후에 가족도 신천지 교리를 다 듣겠다고 하는 것이다. 신천지에서는 육체 영생을 믿고 소망한다. 그렇기 때문에 "네가 신천지에서 생활하는 이유는 너를 비롯하여 가족들을 살리기 위해서가 아니냐, 그럼 이 기회를 통해 신천지를 증명해서 신천지에 가는 것이 맞는지 아니면 이 상담을 지속적으로 받고 다른 곳을 찾아가야 하는지 알려 달라"고 이야기하는 것이 좋다.

9. 부모 혹은 가족이 마음이 너무 힘들어 극단적으로 "가족의 관계를 끊자"고 할 수도 있다. 이때 신천지인 자녀는 눈을 똑바로 뜨고 "정말 그렇게 하기 원하느냐"고 묻는다. 만약 이때 감정이 북받쳐서 "정말 그렇게 하자!"고 한다면 자녀는 미련 없이 "그럼 그렇게 하자!"고 말한 후 가출할 가능성이 크다. 가출을 감행한 신천지인은 가족을 전도할 수 없다고 판단하고, 가족 구

원을 신천지의 하나님 나라 완성 뒤로 연기한다. 하나님 나라가 완성될 때 자신이 제사장이 되면 가족들이 다 구원받을 것이니 그때까지 가족을 살리겠다는 마음을 가지고 더욱 신천지 활동에 전념한다.

10. 신천지인 가족이 오픈 전도를 한 경우, 가족은 어떻게 해야 할까?

첫째, 받은 충격을 솔직히, 그러나 침착하게 표현한다. "네가 신천지였느냐? 몰랐다. 충격이다."

둘째, 비록 신천지이기는 하지만 그가 그동안 활동했던 것이 나름대로 하나님을 잘 믿어보려고 힘쓴 것이었음을 인정해 줄 수 있으면 좋다. "신천지에서는 '가족과 조상까지도 너로 인해서 구원해준다'고 알려준다던데, 그런 마음을 가지고 가족들을 생각해줘서 고맙다"고 표현하는 것도 좋다.

셋째, 이때 가족은 신천지인의 신상에 대한 정보와 상황을 파악하는 데 주력해야 한다. 취조의 느낌보다는 궁금한 것을 물어보는 느낌으로 다가가야 한다. 언제 신천지에 갔는지, 신천지 어느 성전에 다니며 어느 구역에 속해 있는지, 누구를 통해 갔는지, 그곳에서 어떻게 신앙생활 했는지, 왜 지금까지 속여 왔으며, 지금에 와서는 왜 이야기를 하는지 등을 묻는다. 물론 신천지인의 대답 중 60-70%는 거짓말일 가능성이 크다. 자신의 인도자와 같은 민감한 정보를 알려줄 경우 나중에 피해가 갈 수 있기 때문이다. 자신이 오픈해도 괜찮은 부분에 대해서만 말할 것이다. 이때 가족은 "만약 네가 신천지에 다니는 것이 떳떳하다면 거짓 없이 진실하게 묻는 말에 대답해 달라"고 요청해야 한다. 더 나아가 지금 사용하는 신천지 어플의 사용내역과 그리고 텔레그램에서 대화한 내용을 보여달라고 요구하라. 이때 신천지인은 "그런 것은 잘 모른다"고 하며 말을 돌리기 쉽다. 자꾸 물으면 그런 것은 강사를 만나서 직접 들어보라고 한다. 그러면 이때 "아니, 네가 지금까지 신천지에 다닌 세월이 얼마인데 모르느냐"고 반문한다. 그에 이어서 "지금까지 다녔는데도 모르느냐, 그럼 지금 네가 아는 것이 무엇이냐, 신천지가 천국이라고 믿고 있다는데 맞느냐, 가족들을 설득하는 것이 맞느냐"를 반문해 본다.

넷째, 즉각적인 논쟁을 피한다. '여기가 진짜 진리가 있는 곳'이라거나, '요한계시록이 여기서 성취되고 있다'는 식의 대답에 감정적으로 반응하지 않는다. "지금 여기서 이 문제를 이야기하면 더 감정이 상할 것 같으니 시간적 여유를 갖자"고 한다.

11. 가족은 신천지인이 눈치채지 못하도록 신뢰할 만한 신천지 전

문 이단 상담소에 연락한다. 본 매뉴얼에서 추천하는 이단 상담소는 다음과 같다.

바이블백신센터 이단상담소

042-822-8009 홈페이지 bvc.or.kr

구리상담소

 0505-369-3391

홈페이지 www.antiscj.or.kr

부산이음상담소

0505-944-2508

홈페이지 scjout119.kr

대구동일상담소

053-755-6003

12. 이단 상담소에 연락한 후 가족 상담을 잘 받아야 한다. 이단상담에서 가족 상담은 상담 성공확률의 50%를 차지할 정도로 중요하다. 따라서 반드시 상담소에서 가족 상담을 받고 상담소의

안내를 따라 차분하게 대처해야 한다. 가족 상담을 하면 자녀가 왜, 어떻게 신천지에 가게 되었는지 알 수 있다. 최대한 솔직하게 이야기를 전달해 주어야 하며 상담 내용은 비밀로 한다. 가족 상담을 통해서 본 상담이 진행될 때 궁금한 것이나 특이사항이 생긴다면 꼭 담당 간사에게 연락하여 해결한다. 그래야 좋은 결과를 얻을 수 있다.

19장

청년 편

19장

청년 편

* 같은 청년부 지체가 신천지임을 오픈할 때

1. 그동안 함께 신앙생활하며 가깝게 지냈던 청년부 지체가 어느 날 신천지임을 개인적으로 밝힐 때, 청년은 놀라고 당황하여 어떻게 할 줄 모른다.

2. 믿었던 친구가 이단에 빠진 채로 태연하게 자신을 속이고 신앙생활하는 척했다는 생각을 하면 배신감과 분노가 차오를 수 있다.

3. 친구는 왜 갑작스럽게 자신이 신천지인임을 오픈했을까? 사실

돌아보면 그동안 그 친구는 청년을 신천지로 이끌기 위해 수없이 미끼를 던져왔다. 그런데 아무리 미끼를 던져도 반응하지 않고, 그의 의도대로 넘어오지 않으니 이제 자신의 정체를 드러내고 감정에 호소하려는 것이다.

4. 이때 청년이 할 수 있는 반응은 크게 세 가지다.
   첫째, 곧바로 이단 상담소에 연락하여 대처 방안을 안내받는다. 가장 효과적으로 대처할 수 있는 방법이다.
   둘째, 신천지인 친구의 가족과 직접 대면하여 친구가 신천지인이라는 사실을 알린다. 친구의 가족을 직접 만나지 않고 통화로만 이 사실을 전하려고 하면 낯선 전화를 받지 않거나, '우리 아이(가족)는 신천지를 다닐 리가 없다'는 식으로 무시당하기 쉽다. 또한 대면하여 이 사실을 전한다 해도 가족은 받아들이기 힘들다. 심증이 아닌 물증을 가지고 천천히 친구의 가족에게 잘 설명한 뒤, 당사자에게 절대 자신의 말이 들어가지 않도록 당부한다. 그러나 많은 경우에 가족은 집으로 돌아가서 자녀(청년)에게 "너 혹시 신천지 다니니?" 하는 식의 질문을 던진다. 물론 그 질문을 받고 자신이 신천지임을 순순히 자백할 사람은 없다. 따라서 가족을 만나면 가능한 한 빠르게 신천지인 당사자를 제외한 가족 구성원 모두가 이단 상담소에 가서 가족 상담을 받도록 도와주면 좋다. 유의할 것은 가족 또한 신천지일 수 있기 때문에 사전에 그 가족의 신천지 신앙 유무부터 파악한 뒤 사실을 알리는 것이 좋다.

셋째, 신뢰할 만한 청년사역자나 담임목사에게 알린다. 이 과정에서 이야기가 청년부나 당회 혹은 교회 전체에 퍼져 나갈 수 있다. 그래서 사역자는 말이 새어나가지 않도록 최대한 주의한다. 목회자가 사실을 알게 된 경우, 목회자는 가족들을 직접 만나 사실을 이야기하고, 이단 상담 전문가의 도움을 받도록 설득하여 가족들과 함께 이단 상담소에 가서 상담을 받도록 한다. 물론 이 과정에서 신천지인 당사자에게 이 사실을 들키지 않도록 주의한다.

20장

이성교제 편

이성교제 편

1. 신천지는 이성 친구를 찾는 이들에게 다가가기 위해 다양한 통로로 접근한다. 그중 하나가 바로 데이트 어플을 통해 접근하는 것이다.

2. 데이트어플을 통해 만난 이성인데, 너무나도 마음이 잘 통한다. 마음도 맞고 친절하고, 이야기도 잘 들어준다. 게다가 외모도 매력적이다.

3. 서로에 대한 호감이 급격히 가까워지던 어느 날, 당신은 용기 있게 여자친구에게 고백한다. "사랑해!"

4. 이 고백을 들은 여자친구는 "오빠, 나도 사랑해, 그런데 나 사랑하면 부탁 하나만 들어줘!" 라고 말한다.

5. "그래, 뭐든 말해봐, 하늘의 별이라도 따다 줄게." 하지만 여자친구는 별을 따다 달라고 하는 대신 "오빠, 날 사랑하면, 성경공부 같이 하자"고 한다.

6. 이처럼 그동안 사귀어 왔던 이성 친구가 갑자기 자신이 성경공부를 하자고 할 때, 심지어는 자신이 신천지임을 밝히며 함께 신천지 말씀을 들으러 가자고 할 때가 있다. 이는 이성 신천지인이 그동안 여러 가지로 당신을 성경공부로 미혹하기 위해 미끼를 던지다 최후의 방법으로 자신을 공개한 것이다.

7. 이때 이성친구는 몇 가지로 반응할 수 있다.
첫째, "나는 종교에 관심 없다"고 하며 신천지 이야기를 차단시키는 방법이다. 만약 그럼에도 관계를 계속 유지하고 있다면, 이성 신천지인은 언젠가 상대가 신천지 신앙을 갖게 될 가능성과 희망을 포기하지 않고 있을 가능성이 크다.
둘째, 이성 신천지인에게 "거기가 어디인 줄 알고 갔느냐", "어떻게 그런 곳에 갔느냐"고 하며 감정적으로 격해지고 논쟁하는 경우다. 이런 경우, 이성 신천지인은 상대의 격한 감정을 역이용해 "신천지 말씀을 들어보지도 않고 판단하면 안 된다"며 "함께 신천지 말씀을 들으러 가자"고 강권할 가능성이 크다.

셋째, 차분하게 대응하며 언제부터 가게 되었는지, 왜 가게 되었는지, 무엇 때문에 다니는지, 무엇을 믿고 있는지를 물어보며 들어보는 경우다. 그리고 이성 친구에게는 알리지 않고 이단 상담소에 연락하여 안내를 받는 방법도 있다.

넷째, 신천지가 이단이니 이성 신천지 친구에게 이단 상담소에 가자고 권면하는 경우다. 그러나 이런 경우는 거의 효과가 없다.

8. 신천지인 청년이 그동안 사귀던 상대에게 자신이 신천지임을 오픈했을 때는, 만약 이성친구가 끝내 신천지 신앙을 거부할 경우 헤어질 각오까지 되어있는 상태다. 이때, 신천지인 청년을 돌이키려고 애를 써보겠지만 신천지인 청년은 귀를 닫아 놓은 상태이다. 왜냐하면 현재의 모든 상황을 모두 신천지 구역장에게 보고하고 현 상황에 어떻게 대응해야 하는지를 일일이 피드백을 받고 대처하기 때문이다. 이 신천지 청년은 자신의 판단이 아닌 신천지의 지시를 받고 대응하는 로봇과 같다.

9. 신천지인 청년이 이성친구에게 품고 있는 마음은 다음과 같다.

첫째, 이성친구는 자신과 달리 신앙심이 없거나, 조금 있다 하더라도 성경 자체에 관심이 없는 사람이기에 은연중에 돌볼 사람, 그리고 포교의 대상이라 생각한다.

둘째, 만남에 대한 분명한 목표, 곧 신천지 개종이라는 목적을 가지고 만난다. 그래서 아무리 사회에서 말하는 신천지 비판 뉴스나 기사를 가지고 "거기 이렇대, 저렇대, 이만희는 이런 사람이래"라고 말해도 통하지 않는다.

셋째, 신천지 내부에서는 평소 신천지 신앙을 가지고 있지 않은 이성친구와의 교제를 엄격히 금한다. 따라서 지금 사귀는 만남도 어찌 보면 신천지에 떳떳하지 않은 만남이며, 신천지 전도를 조건으로 신천지에 밝히고 만나는 사귐일 가능성이 크다. 그래서 교제 사실을 신천지에 보고할 때는 언제까지 이성친구를 신천지로 회심시키겠다는 약속을 하고, 만약 그때까지 신천지로 전도하지 못한다면 헤어지겠다고 각서를 쓴다. 따라서 자신을 오픈한다는 것은 만약 이것이 통하지 않으면 이제는 마지막이라는 마음으로 자신을 드러낸 것이다.

넷째, 신천지는 무신앙인 이성친구일수록 신천지로 전도할 가능성이 큰 것으로 본다. 따라서 무신앙인과 사귀는 경우 항상 전도할 타이밍을 보고 있거나 혹은 결혼을 한 뒤 신천지로 데려올 수 있다고 생각하는 경우가 종종 있다.

10. 신천지인 청년과 사귄 지 오래된 데다, 서로 사랑하는 사이라 신뢰가 두텁기에, 이 친구가 신천지인이라 하더라도 '내 말은 듣겠지'하고 생각한다면, 이것은 착각임을 알아야 한다. 처음 만남을 시작한 계기가 신천지 전도였기에, 이 근본적인 목적에서 이탈된다면 관계를 과감하게 청산할 각오가 되어 있는 이들이다. 오히려 신천지 애인이 신뢰를 이용하여 이성 친구를 전도의 기회로 역이용할 수 있음을 주의해야 한다. 실제로 신천지 청년부에는 이성관계를 통해 신천지 성경공부를 하다가 신천지인이 되는 경우가 심심치 않게 있다. 따라서 이성교제를 시작하는 신천지 청년들에게는 상대를 신천지로 끌고 가려는 나름대로의 희망과 확신이 있다.

11. 이성친구가 왜 신천지에 있느냐고 나오라고 할 때 신천지인 청년은 "나랑 사귀니깐, 내 말 들어야 하는 것 아니야?", "나 똑똑한 거 알잖아!", "요즘 가짜뉴스가 얼마나 판을 치는데, 사회에서 하는 신천지에 대한 부정적인 모든 말들은 다 사실이 아니야", "진짜 그게 사실이라면 내가 남겠어?" 등등, 연인의 신뢰 관계에 호소하며, 도리어 신천지 측의 말을 한번 들어보자고 한다.

12. 만약 싫다고 하면 자신 혼자 신천지 신앙을 할 테니, 절대 자신을 건드리지 말라고 확실히 선을 긋는다. 더 나아가 개종상담을 진행하거나 신천지 신앙을 포기하도록 종용하는 말을 하지 않도록 차단한다. 그래도 상담을 받자고 하면 "이럴 거면 헤어져!"라고 매몰차게 몰아붙일 것이다.

13. 신천지인 청년은 이성친구에게 상담소에 대한 흉흉한 소문으로 상담소 연락을 차단하려 한다. "너는 상담소가 어떤 곳인지 알고 하는 말이냐?", "내가 다치기 원하느냐?", "내가 감금되고 구타당하다 미쳐버리거나 죽는 거 보고 싶냐?" 등등의 위협적인 말을 내뱉는다.

14. 만약 신천지 이성친구에게 이단상담을 권유할 때, "한두 번은 들을 수 있다"고 한다면 주의하라. 거기에 조건을 달기 쉽다. "내가 가서 들을 테니, 너도 신천지에 와서 신천지 말씀을 들어줘!" 그리고 "한두 번은 들을 수 있지만 그 이상은 어렵다"고 한다. 왜 그럴까? 계속 듣다가는 신천지의 오류를 깨닫고 돌이킬 가능성이 크기 때문이다. 그래서 상담소에 가서 한두 번을 들을 때는 소리가 귀에 들려도 다른 생각을 하든지 마음으로 막으며 버티다 돌아온다. 자신이 한두 번 버팀으로써 이성친구가 신천

지 말씀을 듣고 신천지에 올 수만 있다면 해볼 만한 시도라고 생각한다.

15. 신천지 말씀을 듣게 하기 위한 명분을 쌓기 위해서 신천지인 이성친구는 한두 번 형식상 이단 상담소에서 상담을 받는 척할 수 있다. 하지만 상담이 끝나면 신천지인 청년은 상담소의 상담내용을 신천지에 보고한다. 그리고 신천지는 그에 대한 반증을 만들어 이단 상담소의 주장을 무력화시키고 도리어 신천지 청년의 신앙을 강화시킨다. 상담을 받고도 신천지 신앙이 흔들리지 않는 청년을 신천지에서는 마귀 소굴(이단 상담소)에 가서 이기고 돌아왔다고 선전한다.

16. 사실 이렇게 이단 상담소에 가서 상담을 받고 온다는 생각은 신천지인 청년 개인의 머리에서 나오지 않는다. 신천지에서 내린 행동지침을 그대로 따라 한 것이다. 기억하라. 신천지 이성친구와 이런 식의 긴장이 지속될 때, 상대방의 모든 행동은 신천지에 보고되고, 수많은 시행착오와 노하우가 축적된 신천지의 피드백과 함께 행동지침이 내려온다. 이렇게 되면 상대는 신천지의 집단지성과 싸우는 셈이 된다. 이때쯤 신천지 이성친구가 유달리 핸드폰의 카톡을 수시로 확인하며 누구에겐가 문자를

보내고 있는 모습을 자주 보게 될 것이다.

17. 특히 이단 상담소에 갈 때는 심각한 경우 청년회장과 섭외부[1] 와 연결되어, 신천지가 이들의 일거수일투족을 감시하고 미행해서 보고하며 행동 지침을 내린다. 결국 상대방은 이런 식으로 신천지의 교묘한 집단지성의 간계에 속기 쉽다.

18. 이런 식으로 이성 친구가 신천지로 인도되는 경우가 꽤 많다. 그리고 이런 사례의 간증 보고도 많이 있다. 이런 간증의 내용은 대략 이렇다. "내가 여자친구를 회심시키려 시도해 보다가 신천지에 와서 말씀을 들어봤다. 말씀을 들어보니 맞는 말씀이고 여자친구 때문에 오기는 했지만, 결국 말씀이 맞으니 내 개인적 신앙을 지키기 위해 신천지를 선택했다."

19. 기억하라! 신천지 이성 친구는 상대를 신천지로 끌고 가기 위해 사귄다. 물론 인간적인 감정도 있겠지만, 신천지인은 상대가 신천지를 거부할 때 결국 상대를 과감하게 포기한다. 신천지인에게 상대는 왕 같은 14만 4천 제사장의 자격을 갖추기 위

---

1   신천지 내부의 경찰과 같은 역할을 하는 부서

한 열매이다. 그 수단으로서 섭외되었을 뿐이다.

21장

친구, 우정 편

친구, 우정 편

1. 깊이 신뢰하고 아끼던 지인이 신천지에 들어가 이미 활동하고 있는 것을 알게 되었다. 그를 아끼고 사랑하는 마음으로 어떻게든 나오는데 도움을 주고 싶지만 신천지에 대해 아는 것은 많지 않고 어찌할 줄 모를 때, 어떻게 해야 할까?

2. 친구 관계인 경우, 친구를 빼내고 싶은 간절함만으로 그를 신천지에서 이탈시키는 것은 현실적으로 불가능하다. 만약 어설프게 신천지 교리의 오류를 공부해서 신천지인 친구에게 알려주고자 한다면, 신천지인 친구는 강하게 반발하고 크게 다투며 관계를 끊을 가능성이 크다. 혹은 신천지 교리를 완벽히 공부했다 하더라도, 신천지인 친구에게 알려준다면 받아들이지 않

을 확률이 높다. 더욱이 몇 개의 교리를 반박하는 것만으로 한 순간에 신천지 교리를 부정하는 신천지인은 없다.

3. 가장 좋은 것은 그가 일정 기간 집중적으로 상담소에서 상담을 받는 것이다. 그러나 현실적으로는 친구의 설득으로 상담을 받게 될 가능성은 거의 없다. 상담소에 가면 선악과를 먹고 영이 죽는다고 배우기 때문이다.

4. 그렇다면 친구로서 내가 현실적으로 할 수 있는 일은 무엇일까?

1) 신천지에 대한 정보와 교리를 이단 상담소 웹사이트나 유튜브 반증 사이트 등을 통해 어느 정도 익히는 것이다. 더 나아가 이들의 치명적인 오류를 공부하고, 친구로 신천지에 대해 고민하고 되돌아볼 수 있도록 자극을 주는 질문들을 할 수 있는 역량을 기르는 것이 필요하다. 이러한 질문들은 신천지에 정식으로 입교하지 않고 센터에서 공부하는 과정 중에 있는 경우, 더 효과를 발휘한다. 온라인 과정을 통해 양육 받은 경우에는 입성하고도 1년 미만까지도 효과를 발휘할 수 있다. 하지만 신천지에 들어간 지 2-3년 이상이 되었고, 또 가족 중 한 사람 이상이 신천지에 같이 있는 경우에는 효과가 크지 않다. 도리어 상

대하지 않고 피하려 할 것이다.

2) 신천지 교리의 오류만을 알려주며 논쟁하려 한다면 친구는 관계를 끊고자 할 것이다. 따라서 신천지 교리에 대한 이야기는 배제하되, 신천지 내부에서 있었던 일상적인 어려움을 얘기할 수 있게끔 신뢰를 쌓아야 한다. 이 과정 중에 섣불리 먼저 "신천지에서 힘든 일은 없니?"라고 묻는다면 친구는 불쾌해하며 신천지와 관련된 대화를 사전에 차단하려 할 것이다. 신천지 측에서 차라리 관계를 차단하라고 피드백을 주기 때문이다. 이런 때, 친구가 당분간 만남을 꺼릴 수 있고, 다시 만나기까지는 일정한 기간이 필요할 수 있다. 이럴 때 조금 더 여유를 갖고 친구를 기다려 주며, 특히 그의 표정이 많이 지치고 힘들어 보일 때 "요즘 힘든 일은 없니, 요즘 많이 피곤해 보여" 정도의 가벼운 안부를 던지는 정도의 관심을 표하는 것이 좋다.

3) 신천지 친구는 장기적인 관점으로 그와 신뢰관계를 형성하며 기다려 주는 것이 필요하다. 마치 단단한 조개껍데기가 꽉 닫혀 있다가 어느 순간 조개껍데기를 열고 그 안의 부드러운 속살을 드러내는 것처럼, 시간을 두고 그의 마음이 활짝 열릴 때까지 기다려 주는 시간이 필요하다. 신천지인 친구는 신천지를

지상낙원이라 생각하지만 신천지 활동을 하다 보면 신천지 생활이 마냥 좋은 것만은 아님을 경험하게 된다. 사람이 모인 곳이다 보니, 때로는 신천지 안에서 시험들 때가 있다. 내부의 관계에서 상처를 받거나, 과도한 경쟁에 스트레스를 받고 지쳐있을 때도 있다. 때로는 그 내부의 미묘한 실상의 변화나, 교리의 변개 과정을 보기도 한다. 이때가 신천지에 대한 믿음이 약해질 때다. 이럴 때 신천지인은 자신의 고민을 신천지 내부에서 털어놓기가 어려워 신천지인이 아닌 주변의 누군가에 털어놓고 싶어 한다. 이때 그의 고민을 들어주는 상대가 되는 것이다. 이러한 기다림은 친구가 나중에라도 신천지가 잘못된 것을 깨닫고 절망에 빠졌을 때, 돌아갈 수 있는 품이 존재한다는 인식을 심어주는 것이다.

4) 가장 중요한 것은 신천지인의 말을 들어주는 것이다. 관심 갖고 들어주고 공감해주는 것만으로도 신천지인에게는 고마운 친구가 된다. 물론 교리적 설득이나 미혹은 단호하게 거부해야 한다. 초점은 그의 신천지 생활의 고달픔을 들어주는 데 있다. 만약 신천지의 교리나 내부에 대한 이해가 좀 더 있다면 더 깊은 대화가 가능하고, 신뢰를 전제로 편안한 마음으로 내가 가진 그리스도 안에서의 참된 자유와 복음을 나눌 수도 있을 것이다.

5) 만약 신천지인을 경계의 대상으로만 여긴다면 이런 대화 자체가 불가능하다. 따라서 오랫동안 알고 지냈던 신천지인을 보다 열린 마음으로 대할 필요가 있다.

6) 만약 그런 신천지인이 고민 해결을 위해 누군가의 도움을 원하지만 전문적인 상담소와 연결되는 것을 부담스러워한다면, 신천지에 대해 잘 알고 있는 주변 목회자에게 도움을 요청하는 것도 한 방법이다.

7) 신천지인과 이러한 신뢰 관계를 형성하는 것은 쉽지 않다. 오랜 기다림의 시간과 인내가 필요하며, 때론 곤란에 빠질 수도 있다. 그래서 이런 관계는 정말 그를 신뢰하고 아끼는 경우에만 용기 있게 인내하며 감당할 수 있다.

8) 지금 당장 신천지인 친구를 신천지에서 나오게 할 수 없더라도, 나중에 신천지인 친구가 신천지에 대한 갈등이 생겼거나 신천지 탈퇴를 고민할 때, 그리고 신천지를 탈퇴한 후에도 여전히 기댈 수 있는 친구의 자리를 마련해두기 위해 관계를 이어가는 것 또한 큰 역할이다.

9) 신천지에 빠진 친구를 위하여 끊임없이 기도하라. 신천지에 빠진 친구를 날마다 보는 것은 너무나도 마음이 어렵다. 하지만 반드시 하나님께서 구원하신다는 믿음을 저버리지 말고 친구를 위하여 기도하라. 현실적으로 당장 할 수 있는 일이 그다지 많지 않다 해도, 하나님은 반드시 당신의 기도를 통하여 은밀하게 일하신다.

22장

탈퇴자 가족 편

22장

탈퇴자 가족 편

1. 신천지에 몸담고 있던 자녀, 혹은 가족이 신천지가 거짓임을 깨닫고 회심하여 이탈한 경우, 탈퇴자는 커다란 충격과 함께 많은 혼란을 겪는다. 이런 상태는 마치 암 환자가 수술을 통해 환부의 암 덩어리를 떼어낸 것과 같다.

2. 암 수술을 받은 이후 지속적인 항암치료가 필요하듯, 탈퇴자에게도 지속적인 돌봄과 회복, 치유가 필요하다.

3. 탈퇴자에게 필요한 돌봄과 회복은 크게 네 가지 영역이다.
첫째, 정서적 영역이다. 신천지는 소속 신도들의 자존감을 높이고 소속감을 심어주기 위해 전력을 다한다. 그러나 자신이 진리로 믿고 달려갔던 단체가 이단이었고, 자신이 그것에 미혹되어 인생의 소중한 시간과 정력을 허비하였다는 사실을 깨닫는 순간, 그런 자신을 용납하기 매우 어려워진다. 이러한 자괴감은 자신을 향한 비난, 비하로 이어지며 극심한 우울감, 무력감과 자살 충동으로 이어지기 쉽다.

둘째, 지적 영역이다. 신천지를 탈퇴해도 그동안 배워왔던 모든 것이 다 거짓임을 깨달은 상태가 아니다. 암 덩어리를 떼어냈어도 남은 암세포를 사멸하는 일이 남아있듯이, 신천지에서 배웠던 것들이 무엇이 잘못되었는지 **반증 교육**[1]을 보다 상세하게 받아야 할 필요가 있다. 대부분의 상담소는 **후속 교육**[2]을 제공하고 있으며, 후속 교육을 끝까지 잘 받도록 해야 한다. 후속 교육을 시행하지 않으면 남아있던 암이 재발하는 것처럼, 해소되지 못한 궁금증이 계속 탈퇴자의 머릿속에 남아있게 되고, 자칫 다시 신천지로 돌아가거나 다른 이단에 빠질 수 있다.

셋째, 의지적 영역이다. 인생의 중요한 부분을 거짓에 송두리째 허비했다는 상실감은 삶의 목표와 생의 의지를 잃어버리한다.

먼저, 인생 목표를 상실하게 된다. 하나님 나라를 이루기 위해

---

1 신천지의 교리가 무엇이 잘못되었는지 성경을 통해 검토하고 변증하는 교육
2 반증교육 이후 건강한 정통교리로 바른 신앙을 정립하도록 돕는 교육

자신의 모든 것을 포기하고 송두리째 바쳤기에, 그 후에 찾아오는 상실감은 말로 표현할 수 없다. 따라서 탈퇴 후 찾아오는 질문은 '이제 난 무엇을 하고 살아야 하나'이다. 탈퇴자는 인생의 목표를 다시 세우고 나아가는데 어려움을 느낀다. 이럴 때 탈퇴자가 다니는 교회의 목회자가 인생 코칭을 해 주거나, 도움이 될 만한 청년들과의 만남을 제공하면 좋다.

다음은, 신앙생활의 의지와 열정을 상실하게 된다. 신천지에 있을 때 교회와 목회자를 바벨론 교회라고 비난했는데, 자신이 비난했던 그 교회로 다시 돌아가려면 많은 정서적, 의지적 저항을 뚫고 가야 한다. 게다가 교회는 신천지에서 들었던 말씀이나 예배 방식과는 다르기 때문에 신앙생활의 의지와 동력을 잃어버리기 쉽다. 가족들은 목회자와 상의하여 교회가 포용력 있는 모습을 갖출 수 있도록 준비하고, 무엇보다 구원의 확신을 가질 수 있도록 교육하고 함께 기도하는 것이 좋다.

넷째, 사회적 영역이다. 신천지 신도들은 14만4천 안에 들어가기만 하면 이 땅에서 왕같은 제사장으로서 살아간다는 허황한 꿈과 판타지에 빠져 있다. 직장, 직업, 개인의 자아 성취 등 모든 것을 무의미하고 무가치한 것으로 내던졌을 가능성이 크다. 따라서 사회에서 스펙을 쌓고 잘 살아가는 것 또한 하나님의 일반 은총의 영역에서 매우 중요하고 가치 있는 일임을 깨우치도록 도와야 한다. 이 영역을 사탄시하고 육적인 일로 매도해왔던 가치관의 변화가 매우 중요하다. 사회로의 복귀를 위해 직업, 직장, 할 수 있는 일을 찾아서 해낼 수 있도록 격려, 지지 응원해야 한다. 그러나 사회로의 복귀는 신천지인의 정서적, 지적, 의지적 영역이 회복된 뒤에 자발적으로 이뤄지도록 돕는 역할로 제한돼야 한다. 조급하게 압박할 경우 신천지 탈퇴자의 회복은 오히려 지연될 수 있다.

4. 탈퇴자의 가족과 교회는 좀 더 긴 안목에서 기다려주는 마음의 여유가 필요하다. 탈퇴자들이 신천지에서 있었던 소소한 이야기를 한다거나 신천지에서 친하게 지냈던 지인들을 보고 싶어 하며 신천지에서 좋았던 추억을 이야기를 할 때, 가족과 교회는 충분히 그럴 수 있음을 공감하면서 긍정해 주어야 한다. 과민 반응이나 의심의 눈초리보다 신뢰와 포용의 시선으로 바라보아야 한다.

5. 가족은 탈퇴자가 정상적인 삶을 회복할 수 있도록 지속적인 격려와 도움을 주어야 하며, 절대로 비난해서는 안 된다. 항상 공감과 격려, 용기를 주는 태도를 유지해야 한다. 특히 다음과 같은 말은 주의해야 한다.

* "네가 지금까지 사회적으로 아무것도 한 것이 없는데 이제 뭐라도 해야 하지 않을까?"

* "신천지 관련된 것은 다 끊어버리고 이젠 기존 교회에서 신앙생활만 열심히 해라."

* "우리가 이렇게 고생한 것은 다 너 때문이야!"

6. 가족들은 탈퇴자가 탈퇴 후에도 신천지에서 접근할 가능성이 있다는 것을 알아야 한다. 신천지 신도들이 회유를 위해 찾아왔을 때 명확하게 자신의 의사를 밝히지 않으면 다시 포섭의 대상이 될 수도 있음을 각인시킨다. 신천지에서 재접근할 수 있다고 주지시키고 철저하게 단속시켜야 한다.

23장

탈퇴자 교회 목회자 편

탈퇴자 교회 목회자 편

1. 신천지에서 탈퇴한 지체가 교회로 돌아왔을 때, 목회자는 경계와 의심의 눈초리보다는 환대와 위로의 손길로 다가가야 한다. 새가족을 대하듯 많은 관심과 사랑, 돌봄으로 섬겨야 한다.

2. 목회자는 신천지에서 탈퇴하고 돌아온 지체가 교회에 정서적으로 잘 정착할 수 있도록 공동체가 탈퇴자를 비난하거나 정죄하지 말고, 따뜻하게 잘 받아줄 수 있도록 교인들을 교육해야 한다. 신천지 탈퇴자도 한 때는 뜨겁게 신앙생활을 했고 하나님을 잘 믿어 보려고 하다가 미혹된 것임을 주지시키며, 탈퇴자 본래의 선한 의도를 잘 이해할 수 있도록 준비시켜야 한다. 특히 교회의 리더십들(장로, 안수집사, 권사, 구역장 등)이 탈

퇴자를 정죄하지 않고 따뜻하게 맞아줄 수 있도록 격려해야 한다.

3. 신천지는 그 안에서 매우 친밀한 관계를 지속하는 단체다. 신천지의 친밀함을 경험하다가 기존교회로 들어왔을 때 느껴지는 무언의 경계의 눈초리는 탈퇴자의 정착을 매우 힘들게 만든다. 결국 탈퇴자는 상처를 받고 공동체에서 나가떨어지기 쉽다. 이런 이유로 신천지 탈퇴자의 상당수는 기존 교회에 잘 정착하지 못하고 아예 신앙생활을 하지 않는 경우도 많다. 따라서 목회자는 이들이 잘 정착하도록 사랑으로 품으며 최선을 다해 도와야 한다.

4. 신천지 탈퇴자는 성경에 대한 궁금증이 많은 상태다. 신천지에서 배웠던 것들이 아직 다 해소되지 않았기 때문이다. 따라서 목회자는 이들이 질문을 할 때, 의심의 눈초리를 거두고 이 질문들을 진지하게 다루어 주어야 한다. 왜 이런 질문을 하게 되었고, 이것을 신천지에서는 어떻게 배웠으며, 어떤 점이 아직 해소되지 않았는지 묻고 함께 해답을 찾아가야 한다.

5. 교회에서는 성경을 다시 구속사적 관점으로 배우고, 바른 교리

를 배울 수 있는 프로그램을 마련하여, 건강한 신앙생활을 정립할 수 있는 계기를 마련해야 한다.

6. 특히 "만물을 충만하게 하시는 이의 충만함"인 교회의 소중함을 깨닫고 바른 교회론, 구원론과 성령론을 잘 정립시켜 주어야 한다.

7. 이단 탈퇴자를 가장 잘 이해하는 방법은 탈퇴자가 속했던 이단에 대해 목회자가 잘 아는 것이다. 목회자들이 정통교회뿐만 아니라 이단 단체의 교리, 정서, 문화를 어느 정도 이해한다면 이탈자 수용은 훨씬 수월해진다.

24장

탈퇴 당사자 편

24장

탈퇴 당사자 편

1. 탈퇴자들의 필수 코스는 이단상담이다. 이단상담은 신천지 교리의 오류를 깨닫고 신천지에 대한 미련을 지우는 과정이다. 상담을 해야 자신이 어떤 교리와 과정에 설득되어 신천지에 넘어가게 되었는지 확인할 수 있다. 이 과정은 신천지 교리를 교정하고 심리 상태를 회복하기 위해 매우 중요하다. 이단상담을 거쳐야 정통교회로 돌아갔을 때 설교자의 메시지를 좀 더 순수하게 받아들일 수 있다.

2. 이단상담은 신천지 교리가 거짓됨을 깨닫고 돌이킴으로 끝나지 않는다. 이후 후속 상담 교육도 반드시 필요하다. 이는 그동안 자신이 잘못 배웠던 것들을 하나하나 교정하고 회복하는 시

간이다. 후속 교육이 충분하지 않으면 신천지 교리가 완전히 해소된 것이 아니기에 기성 교회에 적응할 때 많은 어려움이 따른다.

3. 탈퇴자들이 집중상담과 회복교육을 통해 어느 정도 치유가 되었다고 해서 완치되었다고 보는 것은 지나치게 성급하다. 신천지에서 활동했던 시간들이 아까워 후속교육 과정 중에 선뜻 사회에 복귀하면 안 된다. 회복의 과정은 생각보다 긴 인내가 필요하다는 것을 꼭 기억하고 조급함을 내려놓고 묵묵히 나아가야 한다.

4. 신천지를 탈퇴하고 가정과 교회로 돌아갈 때, 탈퇴자는 자존감이 많이 떨어져 있는 상태다. 잘못된 선택 때문에 신천지에서 허비한 세월에 대한 속상함과 자책, 그리고 앞으로 과연 무엇을 올바르게 선택할 수 있을까 하는 두려움이 강하다. 이때 탈퇴자는 반드시 이 사실을 기억해야 한다: "이단에 빠진 것은 그대 잘못이 아니다!" 생각해 보라. 누구든지 사기꾼이 마음먹고 작당해서 접근하면 얼마든지 속을 수 있다. 사기꾼이 가해자이고 사기를 당한 사람은 피해자이다. 마찬가지다. 신천지 신도들은 넓은 의미에서 이단 사이비의 교묘한 작당에 피해를 당한 사람

이다. 신천지는 신도들의 인생에 커다란 해를 입힌 못된 가해자다. 당당하라! 이후 언제 어디에서 신천지인들을 만나도 당당하게 눈을 보면서 도리어 안타까운 마음으로 "너, 아직까지 거기 있니?"하며, 아는 척하고 피하지 말라.

5. 탈퇴자가 갑자기 원래 다니던 교회에 들어가서 적응하기에는 여러 가지로 어려움이 많다. 신천지에서 활동하며 익숙했던 부분들이 기성 교회에 들어가면서 새삼스럽게 문화적, 정서적 충격과 거리감으로 다가온다. 따라서 일정기간 탈퇴자들의 공동체(또래 모임)와 단절하지 말고 교제하면서 서로의 어려움을 나누고 공감받고 격려하고 지지하면서 모교회에 잘 적응하기까지 교류하는 것이 좋다. 아직 심리적인 어려움이 있음에도 부모님께 송구한 마음으로 모교회로 서둘러 돌아가고자 한다면, 이단상담소와 먼저 상의를 하는 것이 좋다. 상담소는 이미 많은 탈퇴자들을 회복시킨 경험이 있기 때문에 자가진단보다는 상담소의 진단을 신뢰하며, 기존교회에 돌아갈 시기를 점검받는 것이 중요하다.

6. 탈퇴자가 부모나 가족이 섬기는 모교회로 돌아가 적응하기 어려운 이유 중 하나는 바로 신천지 때문이라는 것을 기억해야 한

다. 정통교회는 신천지가 자행했던 추수밭 전략으로 여러 가지 피해를 당했다. 이런 이유로 신천지에 대한 마음이 불편해져서 신천지 탈퇴자를 바라보는 시선도 자연스럽지는 않다. 따라서 성도들이 탈퇴자들을 냉소 어린 의심의 시선으로 바라볼 수 있음을 기억하라. 이러한 시선을 극복하려면 시간을 두고 건강한 신앙생활을 하여 성도들과 신뢰를 쌓아가야 한다. 부정적이고 냉소적인 태도를 가진 성도들에게 상처받지 말고 주눅 들지 않도록 마음을 단단히 먹으라. 이것은 개인의 문제라기보다 신천지 전체가 한국교회에 끼친 피해 때문에 발생했다.

7. 신천지 탈퇴자는 사망의 음침한 골짜기와 수렁에서 구원해 주신 주님의 사랑을 잊지 말아야 한다. 생각해 보라. 신천지를 나온 것은 정말 기적이다! 이제는 일평생 주님의 사랑에 빚진 자의 마음으로 그리스도의 참된 몸인 정통교회를 지키는 파수꾼의 사명을 묵묵히 감당해야 한다.

8. 신천지인들은 탈퇴자를 찾아온다. 이때 그들의 보복이나 테러를 걱정할 필요는 없다. 신천지인들이 찾아오는 이유는 탈퇴자를 회유하여 다시 신천지에 데려가기 위해서다. 이들은 탈퇴자들의 마음을 되돌리기 위해서 간절하고 애절하게 감정에 호소

하며 집요하게 설득하려고 한다. 이들이 찾아오는 또 다른 이유는 탈퇴자가 신천지를 탈퇴한 이유와 원인을 파악하고 분석해서 그 부분을 해결하기 위해서다. 따라서 탈퇴한 후에 신천지측의 보복 행위가 두려워서 숨어다니거나 도망 다닐 필요는 없다. 신천지가 보복을 한다면 탈퇴자들은 오히려 더 미련 없이 신천지에게서 등을 돌릴 것이다. 이것을 아는 신천지인들은 어떻게든 탈퇴자에게 더 따뜻하게 다가가려 한다.

9. 신천지는 보복이나 테러와는 별개로 탈퇴자들에게 신천지를 탈퇴할 경우, 그들의 기준에서 저주가 임할 것이라는 성경 말씀을 이용해서 협박하기도 한다. 하지만 기억하라! 이미 신천지가 비진리이기 때문에 신천지를 탈퇴했다고 임할 저주는 없다. 오히려 신천지에 남아 있는 것이 저주다! 따라서 이러한 거짓 저주에 결코 흔들릴 필요가 없다.

10. 신천지인들이 찾아왔을 때 우유부단하게 머뭇거리거나 자신의 확실한 탈퇴 견해를 밝히지 않으면 그들은 더욱 끈질기게 찾아온다. 따라서 명확하고 명료하게 신천지 탈퇴의사를 밝혀라. 많은 말이 필요하지 않다.

11. 신천지인들이 탈퇴자를 찾아왔을 때, 아무리 이야기해도 신천지인들이 이해하지 못하고 계속해서 이야기를 끌어가려 한다면 경찰에 신고해도 좋다. 그 정도로 강경한 입장을 보여줄 때 신천지는 정말 탈퇴자의 마음이 돌아섰다는 것으로 파악하고 더 이상 귀찮게 하지 않는다. 법무부에서는 스토킹이라는 행위로 상대방에게 피해를 주는 경우 더욱 엄중하게 처벌을 하도록 '스토커 처벌법'을 2021년 10월 21일부터 시행중이다. 지속적 괴롭힘을 받는다고 판단된다면 스토킹으로 신고하라.

12. 탈퇴자는 회심했지만 가족들은 여전히 불안해하거나 의심할 수 있다. 왜냐하면 탈퇴자가 신천지인이었을 때부터 가족들에게 거짓말을 했고, 신천지는 거짓말과 연기에 능하기 때문이다. 이것은 탈퇴자나 가족의 문제라기보다 신천지로 인해서 가족의 신뢰가 깨진 것이기 때문에 신천지가 원인 제공자라 할 수 있다. 우선 탈퇴자는 가족의 불안이나 의심을 이해해야 한다. 그리고 가족과의 신뢰를 다시 쌓아야 한다. 가족의 불신으로 스트레스 받기보다는 먼저 가족에게 믿음을 주도록 노력해야 한다. 가족들이 원하는 방법으로 신뢰를 쌓아갈 필요가 있다. 가령 외출 시 어디로, 누구를 만나러 가는지 더 투명하고 자세하게 가족들에게 알리는 것이 신뢰 회복에 좋다. 물론 가족도 탈

퇴자를 믿어주려고 노력해야 한다.

13. 탈퇴자는 하나님 앞에서 잘못된 구원관과 무지한 성경관으로 영적 우상숭배를 한 것을 반드시 회개해야 한다. 하지만 교회 성도 혹은 지인 앞에서 자신을 큰 죄인이 된 것처럼 스스로 비하할 필요는 없다. 주변 사람 그 누구도 신천지 탈퇴자를 손가락질하거나 판단할 수 없다. 그러나 간혹 편협하고 속이 좁은 이들 중에는 선입견과 편견을 갖고 주홍글씨처럼 탈퇴자를 낙인 찍고 냉대하며 정죄할 수 있다. 하지만 그런 사람들의 시선에 주눅이 들 필요가 없다. 하나님의 은혜를 체험한 탈퇴자들이 넓은 마음으로 그들을 이해하면 된다.

14. 신천지가 진리의 성읍이 아니고 신천지 교리가 틀렸다고 해서 하나님이 안 계시거나 성경이 틀린 것은 아니다. 따라서 탈퇴자는 신앙을 저버리는 것이 아니라 바른 성경관과 구원관을 정립하여 신앙생활을 해야 한다. 신천지 교리가 틀렸다는 것을 인정하게 되면 공허한 마음이 든다. 탈퇴자는 그 공허함을 채우고 싶은 심리가 있는데, 그것을 바른 복음으로 채우지 않으면 탈퇴자의 마음에 남아있는 잘못된 성경관이 작동해 또다시 그릇된 집단에 속을 수 있다. 건강한 교회에서 바르게 양육을 받으

면서 참된 것을 다시 심을 때 다시는 이단에 빠지지 않고, 오히려 교회를 지키는 파수꾼의 사명을 감당할 수 있다.

25장

신천지를 탈퇴한 그대에게

신천지를 탈퇴한 그대에게

* 눈물이 별빛이 될 때까지

내가 신천지를 나오다니 나 자신도 믿어지지 않는다. 그렇게 내 모든 것을 다 바치며 전력 질주했던 신천지가 더는 진짜가 아니라는 것을 알게 된 이후, 모든 힘과 의욕이 사라지게 되었다. 그동안 무엇을 잘못 믿고 있었는지, 바른 진리가 무엇인지를 알아야 하고, 그래서 상담소의 도움이 필요한 것도 알지만 더 이상 힘이 나지 않는다. 모든 것이 귀찮고 싫다.

오늘도 나의 발걸음은 부모님과 함께 상담소를 향해 간다.
창세기부터 요한계시록까지 다시 배우는 성경 말씀은 새롭기도 하지만 마냥 기쁜 것만은 아니다. 그렇게 욕하고 비방했던 이단 상담소에서 교육을 듣고 있다니 민망하다. 얼른 후속 교육이 끝나고 집에 가고 싶다. 가끔 후속 교육 동기들과 놀기도 하지만 이마저도 귀찮을 때가 있다.

복잡한 생각이 든다. 자꾸 사람들이 물어본다.
"이제 하고 싶은 것이 뭐야?"
"어? 하고 싶은 것, 없는데….”
신천지 안에 있을 땐 제사장 되면 여행을 가야지, 배우지 못했던 것 배워야지, 먹고 싶은 것도 실컷 먹으러 가야지, 그리고 잠도 푹 자야지, 이거 해야지, 저거 해야지 대단히 많았는데, 지금은 생각도 안 난다. 인생의 목표를 세우는 것? 이것조차 나에겐 사치다. 당장 하고 싶은 것도 없다. 일어나서 후속 교육에 가고, 갔다 와서 씻고 멍 때리다가 자고. 하루하루 숨 쉬며 살아있는 것조차 버겁다. 어디론가 멀리 도망가고 싶다.

신천지에 다니느라 제적당한 대학교 이야기를 꺼내며 "앞으로 어떻게 뭐하면서 먹고 살래?"라고 부모님이 슬쩍 말을 꺼낸다. 나를 꺼내 오느라 고생하신 부모님께 죄송해서 이제라도 사람 구실을 하며 잘 살아보고 싶은데, 도무지 의욕도 없고 무엇을 어디서부터 시작해야 할지도 모르겠다. 겨우 하루하루 살아내며 버티는 마당에 이 잔소리가 얼른 끝나기만을 바랄 뿐이다.

모교회로 돌아가 담임목사님을 만났다. 애써 숨기려 하지만 눈빛이 여전히 차갑다. 함께 하신 사모님의 눈빛은 더 차가운 것 같다. 목사님은 신천지에서 열심히 한 만큼 모교회에서도 다시 열심히 하라고 하신다. 멋쩍은 웃음만 나온다. 그저 솔직하게 "못하겠다"는 말씀은 못 드리겠다. 열심히 해야 신천지에서 탈퇴한 것이 증명될 것 같았기 때문이다. 하지만 지금은 기도도 잘 안 나올뿐더러 말씀도 잘 안 들린다. 이상하다. 알지 못하는 사람들에게 비난과 조롱을 받아가며 담대히 신천지 말씀을 전하고, 몸이 버거울 정도로 사역을 감당했던 나였는데. 이제는 진짜 아무것도 교회에서 하기 싫다. 교독문은 왜 해야 하지? 사도신경은 왜 하지? 신천지에서는 가부좌 자세로 하나님께 찬양을 올려드렸는데 이렇게 편하게 앉아서 찬양을 불러도 되나? 진짜 하기 싫은데. 안하면 부모님이 실망하시려나? 근데 이런 힘듦도 부모님이면 좀 지켜봐줘야 하는 것 아닌가? 모르겠다. 나 좀 내버려 두었으면 좋겠다. 그저 나를 이해해주기만을 바랄 뿐이다.

오늘도 나는 부모님과 함께 상담소 후속 교육을 다녀왔다.
오늘따라 눈물이 하염없이 흐른다. 이런 나를 부모님은 어쩔 줄 몰라 하신다. 죄송해서 '눈물을 참을 걸' 하는 마음도 든다. 나오면 끝인 줄 알았는데 생각지 못한 마음의 어려움이 덮쳐온다. 후속 교육을 들으면서 신천지의 무엇이 잘못되었는지 점점 깨달아진다. 그동안 신천지에서 해왔던 모든 행동이 부끄럽게만 느껴진다. 다시 신앙생활하는 것이 중요함을 알게 되었지만, 그동안 늙은 할아버지를 보혜사로 믿으며 우상 숭배했던 가증한 내가 '감히, 하나님께 나아갈 수 있을까?' 하는 마음만 자꾸 든다. 내가 다시 하나님께 가도 되려나? 이런 내가…. 탈퇴 이후 '하나님'이라고 불러본 지가 오래된 것 같다. 이런 나의 비참한 상태로는 하나님의 이름을 감히 부를 용기조차 나지 않는다. 아무것도 하기 싫다. 나도 내가 벅차다.

이제 후속 교육도 마쳤고, 교회도 꾸준히 다니고 있다.
이제는 하나님이 신천지에서 건져내 주신 것을 알겠다. 내가 미혹당하여 우상 숭배한 것도 이해된다. 그러나 비록 신천지에서였지만, 하나님의 영광을 위해 순수하게 열심을 내어 달려왔던 것까지는 부정당하고 싶지 않다. 적어도 그 마음만큼은 하나님을 향한 순수한 마음이었다. 그러나 사람들은 이 마음조차 알아주려 하지 않는다. 손가락질하는 사람들의 마음은 이해가 되면서도, 그곳에서 내가 하나님을 사랑하려 쏟았던 열정과 중심마저 도매금으로 싸잡아 비난하는 사람들을 향해서는 한 마디 항변이라도 하고 싶다. 내가 얼마나 하나님을 사랑했는데. 누가 거짓 진리에 미혹 당했던 것까지 부정한다고 하나? 그저 하나님을 사랑하는 순수한 그 마음만큼은 부정당하고 싶지 않은 것뿐인데…. 하지만 이런 나의 마음을 사람들에게 이해시키기에는 이단 탈퇴자라는 낙인이 저들의 귀를 꽉 막고 있다. 사실 나도 저들을 이해시킬 만큼 여유가 없다. 너무나도 무너져 버린 내 삶을 수습하기에도 벅차다. 저들의 손가락질과 비난엔 애써 마음을 억누르며 어색한 미소만 지을 뿐이다.

…그래도 주님, 주님은 다 아시죠?

언젠가 주님은 알아주시리라는 믿음으로 하루하루 버티다 보니 다시 일을 시작하고, 새로운 사람들을 만나고, 아픈 기억은 아물기 시작했다. 이제는 다 괜찮아진 것 같았다. 아니 괜찮아진 줄 알았다. 그러던 어느 날 갑자기 눈물이 쏟아졌다. 당황스럽다. '왜 흐르지? 왜 이렇게 마음이 힘들지? 아직 다 회복되지 않은 것일까?' 애써 세워왔던 내가 무너지는 것 같았다. 친한 탈퇴자에게 만나달라고 연락했다. 퉁퉁 부은 내 눈을 모른 척하며 재미나게 일상적인 이야기를 꺼냈다. 고마웠다. 헤어질 때 손을 꼭 잡아주며 나에게 이런 얘기를 하였다.

"눈물이 날 땐 참지 말고 울어. 울어도 돼. 무너질 것 같을 땐 버티지 말고 무너져. 무너져도 괜찮아."

정말 그래도 될까 싶었다. 처음에는 이해가 안 되었으나 눈물이 나올 땐 흐르게 내버려 두었고, 마음이 무너질 땐 오열했다. '아 이젠 좀 괜찮다' 싶으면 또다시 마음의 절망이 찾아오며 넘어지곤 했지만 그냥 내버려 두었다. 하지만 무너져 보니 깨닫게 된 것이 있다. 내가 울어야 하나님이 닦아주실 수 있고, 내가 무너져야 하나님이 손 내미실 수 있으며, 내가 넘어져야 하나님이 다시 일으켜주실 수 있다.

그러니, 괜찮다. 눈물이 나올 때 흐르게 놔두고 힘들 때 버티지 않아도 된다. 이 순간만큼은 부모님께 잘살아가고 있다는 것을 보여 드려야겠다는 책임감을 잠시 내려놓아도 된다. 이 모든 어려움을 서둘러 삼키려 하지 말고, 애써 태연한 척하지 말고, 힘들면 힘들다고, 아프면 아프다고 말하고, 울고 싶을 때는 실컷 울 수 있으면 좋겠다. 아직 나를 붙들고 계신 이해할 수 없는 하나님의 기이하고 크신 사랑과 회복을 꼭 경험해 보았으면 좋겠다.

우리 모두 다 같은 아픔을 가지고 있다. 회복하는 과정이 때로 더디고 힘들지만 당신은 혼자가 아니다. 내 눈물을 닦아주시고 그 눈물이 별빛이 될 때까지 하나님의 사랑과 은총의 손길은 항상 함께 하신다.

정말 괜찮다. 하나님께서 허락하셨고 함께하셨기에 지금 이 자리에서 이 글을 읽고 있는 것 아니겠는가? 지금까지 주님께서 우리의 인생을 계획하셨듯이 앞으로의 인생도 계획하고 계신다. 이제는 주변을 조금씩 돌아보면서 나를 더욱 직면해야 한다. 부족한 것은 도움을 요청하며 채워나가면 된다.

그대는 혼자가 아니다. 우리가 모두 그대를 기다렸고 무엇보다 하나님께서 그대를 정말 간절히 사랑하는 마음으로 이끄셨다. 여기까지 온 그대를 주님의 이름으로 축복한다.

상담소 연락처

바이블백신 이단상담소(양형주 목사, 대전서노회 이단상담소)
042-822-8009 / 홈페이지 bvc.or.kr

구리상담소(신현욱 목사)
0505-369-3391 / 홈페이지 www.antiscj.or.kr

부산이음상담소(권남궤 목사)
0505-944-2508 / 홈페이지 scjout119.kr

대구동일상담소(대구 동일교회)
053-755-6003

● 본 매뉴얼에 대한 세미나를 요청하시려면 바이블백신센터로 연락하시길 바랍니다.

홈페이지: bv.or.kr
전화: 042-822-8009
카카오톡 상담채널: 바이블백신 이단상담소

저자 소개

양형주 목사

캘리포니아 주립대(UC-Irvine) 철학
장신대 신대원(M.Div)
장신대 대학원 신약학 석사 및 박사(Th.D.)
장신대 신약학 객원교수
바이블백신센터 원장
대전서노회 이단상담소장
대전도안교회 담임목사

저서: 「신천리 백신 1. 2.」(두란노), 「스토리 요한 계시록」, 「평신도를 위한 쉬운 요한계시록 1. 2.」, 「정말 구원받았습니까」, 「평신도를 위한 쉬운 로마서」(이상 브니엘), 「바이블백신 1. 2.」(홍성사) 외 다수

신현욱 목사

전 신천지 총회 교육장
총신대 신대원(M.Div.)
예장(합동) 총회이대위 상담소장
한국기독교이단상담소협회 구리상담소장
바이블백신센터 강사
초대교회(합동) 담임목사

권남궤 목사

전 신천지 강사, 금천교회 담임
부산장신대 신대원(M.Div)
전 부산성시화운동본부 이단상담실장
현 총회(통합)이단전문 상담사
    부산이음상담소 소장
    대구동일이단대책연구소 소장
    바이블백신센터 강사
    이음교회(통합) 담임목사

안소영 전도사

전 신천지 구리시온 청년부 지역장, 교육부장, 위장교회 팀장 등 11개의 직분 역임
장신대 신대원(M.Div)
전 CBS 신천지 특별취재팀 자료팀장
    CBS 〈새롭게 하소서〉 출연
현 바이블백신센터 간사
    대전도안교회(통합) 전도사